Akebin Imiete Onyighi

A guerra civil nigeriana e o fracasso das Nações Unidas

Akebin Imiete Onyighi

A guerra civil nigeriana e o fracasso das Nações Unidas

ScienciaScripts

Imprint

Any brand names and product names mentioned in this book are subject to trademark, brand or patent protection and are trademarks or registered trademarks of their respective holders. The use of brand names, product names, common names, trade names, product descriptions etc. even without a particular marking in this work is in no way to be construed to mean that such names may be regarded as unrestricted in respect of trademark and brand protection legislation and could thus be used by anyone.

Cover image: www.ingimage.com

This book is a translation from the original published under ISBN 978-3-659-61493-4.

Publisher:
Sciencia Scripts
is a trademark of
Dodo Books Indian Ocean Ltd. and OmniScriptum S.R.L publishing group

120 High Road, East Finchley, London, N2 9ED, United Kingdom
Str. Armeneasca 28/1, office 1, Chisinau MD-2012, Republic of Moldova, Europe
Printed at: see last page
ISBN: 978-620-7-71264-9

RECONHECIMENTO

Duas páginas não são muito espaço para homenagear as muitas pessoas que me acompanharam, me deram ideias e materiais durante os meus cinco anos de estudo. Muitos - incluindo um em particular - devem permanecer anónimos, mas a minha maior gratidão vai para Deus Todo-Poderoso que, pela Sua graça, me permitiu completar este programa de LL.B.. Neste contexto, gostaria de deixar registada a inestimável ajuda e afeto das pessoas maravilhosas cuja influência se fez sentir na minha vida durante os meus estudos, com a minha imensa gratidão ao Professor Associado. J.A. Dada, pois tive o privilégio de desfrutar do brilho e esplendor profissionais da sua maravilhosa e sempre eficiente supervisão. Ao meu amável Reitor, Prof. Ndifon, ao Prof. K.S.A Abeku e ao Prof. I.N.E Worugji, cuja brilhante e humana aplicação do intelecto aos problemas do nosso tempo e da nossa sociedade me esclareceu muitas ideias confusas, quer na imprensa, quer em conversas. Os meus sinceros agradecimentos vão também para os meus professores na Faculdade de Direito da Universidade de Calabar. Michael, E. Ibanga, Dr. James, E. Archibong, Dr. Mike, P. Okom, Dr. E.E. Udoaka, Rt. Hon.(Dr) J.O. Enyia, Dr. E.E. Alobo, Rev. (Dr) Asari, Young Barr. S.A. Duru, Barr. Innocent ovat, Barr. Joseph .E. Etene, Barr, A.J. Adams, Barr. Enwanta, Andrew e o presidente do tribunal consuetudinário de Abua, Barr. Devo à minha querida mãe, Sra. Imiete, Mydear, e às minhas irmãs Miss. Imiete, Ebophni, Sra. Ogini, Boomni Godswill, Sra. Iboh Miasigheni Iyara, Miss. Imiete Onyanioye, Miss. Imiete, Imani, Miss Imiete, Odephoapelima. São todos maravilhosos; não lhes posso agradecer o suficiente pelo seu cuidado e apoio sacrificiais, especialmente importantes num empreendimento tão perigoso como este, pelo seu inabalável bom senso e inteligência crítica, e não lhes posso agradecer o suficiente aqui. Também quero reconhecer o amor demonstrado pelos meus amigos, que aprecio profundamente, alguns dos quais leram e comentaram o trabalho, no todo ou em parte; alguns dos quais estavam provavelmente mais convencidos do que eu de que veria a luz do dia. Entre eles estão: Atteh Triumph Paul, Comr. Ordu, Kelechi, Comr. Kpasome Peter, Gift, Agbabou, Comr. Temple, Kemka Amadi, Comr. Ntem Praise, Comr. Anayo, Marvellous, Ogar Itafu, Comr. Deedua, Baridakari, Wilson Maxie Ilami, Douglas Etofia, Comr. Agbor, Endurance Okpa, Miss Mfam, Mercy Odam, Sra. Rebecca Okora, Miss, Alice Ewa Apie, Timothy, Ajah Chinaza, Hogan, Eteyen Itam, Unique, Fubara Joseph, Caleb, Chinonso Madu e o Com. Bassey, Montag Ofem.

As obras de muitos autores e juristas eruditos forneceram a bússola inestimável que orientou o curso deste trabalho. Alguns deles, nomeadamente o autor de There was a Country: A Personal History of Biafra, Chinua Achebe, Michael Peel, o autor de A Swamp Full of Dollars e o autor de The Rights of Man, Thomas Paine. Finalmente, todas as outras pessoas que contribuíram para o sucesso do meu programa LLB, mas cujos nomes não aparecem aqui, são devidamente reconhecidas.

Obrigado e que Deus vos abençoe.

IMIETE, AKEBIN ONYIGHI LLB (HONS)

LISTA DE ABREVIATURAS

- AU   African Union
- ECCC   Extraordinary Chambers in the Courts of Cambodia
- ECOSOC   Economic and Social Council
- ECOWAS   Economic Community of West African States
- ICC   International Criminal Court
- ICTR   International Criminal Tribunal for Rwanda
- ICTY   International Criminal Tribunal for the Former Yugoslavia
- ICJ   International Court of Justice
- NYSC   National Youth Service Corps
- OAU   Organization of African Unity
- SCSL   Special Court for Sierra Leone
- UN   United Nations
- USA   United States of America
- UNSC   United Nations Security Council

RESUMO

Nos dez anos que decorreram desde a criação do Tribunal Penal Internacional (TPI), a atividade dos tribunais penais internacionais tem sido amplamente divulgada, mas pouco compreendida. O julgamento internacional de altos dirigentes civis e militares, incluindo antigos chefes de Estado, por crimes contra a humanidade, crimes de guerra, crimes de agressão e genocídio representa, para muitos, a condenação definitiva das acções passadas desses indivíduos e uma medida da sua queda do poder. Apesar da influência que os tribunais exercem no imaginário popular, são objeto de uma considerável incompreensão e confusão. Grande parte da cobertura mediática do trabalho dos tribunais continua a ser superficial, na melhor das hipóteses, e esbate as principais distinções entre os vários tribunais do passado e do presente. Por outro lado, os estudos mais informados estão em grande parte confinados a publicações especializadas que permanecem inacessíveis para a maioria. Na verdade, muitos advogados e não advogados não têm uma compreensão clara do papel e do funcionamento destas instituições internacionais cada vez mais importantes.

No entanto, após a guerra civil nigeriana de 1967 a 1970, não foi criado um tribunal penal internacional para julgar os crimes de guerra, os crimes contra a humanidade, o genocídio e os crimes de agressão cometidos em território nigeriano. A este respeito, o Conselho de Segurança das Nações Unidas tem desempenhado um papel crucial na justiça penal internacional. Foi o Conselho de Segurança que criou vários tribunais penais ad hoc, como o Tribunal Penal Internacional para a ex-Jugoslávia (TPIJ), o Tribunal Penal Internacional para o Ruanda (ICTR), o Tribunal Especial para a Serra Leoa, a Câmara Extraordinária nos Tribunais do Camboja, para mencionar apenas alguns, para julgar violações graves e violações graves do direito humanitário internacional cometidas em território nigeriano. Em contrapartida, durante a guerra civil nigeriana, quando a catástrofe humanitária se agravou e milhões de pessoas morreram, até o anarquista mais convicto teria esperado um envolvimento mais forte da ONU, mas, infelizmente, mesmo depois da guerra, não foi criado qualquer tribunal penal internacional.

O facto de as Nações Unidas não terem conseguido criar um tribunal penal internacional na Nigéria após a guerra civil continua a levantar muitas questões e os nigerianos continuam a pagar um preço elevado por permitirem que aqueles que chacinam mulheres, incluindo mulheres grávidas, crianças e civis inocentes e que se envolvem em violações, numa guerra com agulhas e noutras barbaridades inconscientes que violam todas as normas do direito e da justiça natural fiquem impunes. Esta situação degradou fundamentalmente a nossa sociedade e criou um Frankenstein de injustiça e impunidade que está a corroer a nação. Também alimentou e enraizou a cultura da violência. Este trabalho tem por objetivo colmatar esta lacuna de conhecimento, fornecendo informações bem estudadas e acessíveis sobre as possíveis razões do silêncio das Nações Unidas.

Por conseguinte, o capítulo um desta tese tentará fazer uma introdução geral, enquanto o capítulo dois tratará de uma breve história da guerra civil nigeriana e de todas as questões com ela relacionadas. O capítulo três tratará essencialmente da implementação do direito internacional humanitário pelas Nações Unidas, enquanto o capítulo quatro examinará criticamente a criação de tribunais penais internacionais e outras questões. Antes da conclusão geral da tese, que será tratada no capítulo seis, o capítulo cinco limitar-se-á a uma crítica e a outros tópicos relevantes da investigação.

CAPÍTULO 1

INTRODUÇÃO GERAL
1.0.0: INTRODUÇÃO

Foi o ícone dos direitos civis, Martinho Lutero, que um dia declarou que "o arco moral do universo inclina-se para o cotovelo da justiça".[1] Esta afirmação resistiu ao teste do tempo, uma vez que a humanidade progrediu da era do comércio transatlântico de escravos, da conquista e da colonização para uma era de direitos humanos, razão territorial e auto-determinação, democracia e Estado de direito.[2] Grande parte deste progresso humano foi conseguido através da erosão da ignorância, da civilização e do avanço do conhecimento, que expôs cada vez mais o mal, a barbárie e a falta de justiça natural/universal na prática dessa época vergonhosa. [st]As consequências da 1ª Guerra Mundial foram particularmente marcantes no que respeita às instituições criadas e aos avanços de grande alcance em matéria de direitos humanos. [nd]Com a 2ª Guerra Mundial, o mundo foi confrontado com a realidade de violações grosseiras dos direitos humanos e de graves infracções ao direito internacional humanitário, nomeadamente o Holocausto e a injustiça da subjugação colonial. A Carta das Nações Unidas de 1945, na qual o direito à autodeterminação foi consagrado no direito internacional, os Julgamentos de Nuremberga, nos quais foram julgados os criminosos de guerra nazis, as Convenções de Genebra sobre as regras e os costumes de guerra, a Carta de Descolonização das Nações Unidas e a criação do Tribunal Penal Internacional (TPI) foram, entre outras coisas, uma reação ao genocídio.[nd]As Convenções de Genebra, a Carta de Descolonização das Nações Unidas e a criação do Tribunal Penal Internacional (TPI) foram, entre outras coisas, uma reação ao genocídio, aos crimes de guerra, aos crimes contra a humanidade, aos crimes de agressão e às graves, grosseiras e generalizadas violações flagrantes dos direitos humanos durante a Segunda Guerra Mundial.[3]

Aqueles que cometem pogroms, genocídios, violações, subjugações e outros crimes de guerra encontram sempre uma justificação para os mesmos. [nd] Os nazis justificaram o Holocausto judeu durante a Segunda Guerra Mundial ( ) e encontraram muito apoio por parte daqueles que acreditavam na sua propaganda, mas só depois da criação do Tribunal Especial de Nuremberga é que os culpados nazis foram levados à justiça.[4] A criação das quatro Convenções de Genebra de 1949 e dos seus Protocolos Adicionais de 1977, bem como do Tribunal Penal Internacional, garantiram que outros culpados também não podem escapar à justiça. [5] [6]Estas iniciativas permitiram acusar senhores da guerra como Charles Taylor por crimes contra a humanidade durante a guerra civil na Libéria, Slobodan Milosevic e Radovan Karadzic por crimes cometidos durante a guerra na Sérvia, enquanto o Presidente sudanês Al Bashir está atualmente a ser julgado

---

[1] Clayborne Carson(ed) "The Autobiography of Martin Luther King Jnr" Little Brown and Company, Reino Unido, (1999) p.205

[2] Microsoft Encarta Microsoft Corporation. (2009) in http://www.hrw.org/background/Africa/retrieved em 25-3-2015

[3] Horvah "Robert Sovereignty Cannot Protect Mass Murderers"(2014) publicado em http://www.theage.com. .au/articles/ acedido em 28 de março de 2015

[4] ibid.

[5] BBC News "Judges sentence Charels Taylor to 50 years" (30 de maio de 2012)http://www.bbc.com/news/world -africa/retrieved 30 March. 2015.

[6] Tribunal Penal Internacional para a ex-Jugoslávia. Recuperado de http://en.wikipedia.com em 30 de novembro de 2014...

por crimes contra a humanidade na crise do Darfur.[7] Laurent Gbagbo, antigo Presidente da Costa do Marfim, está atualmente a ser julgado por violência pós-eleitoral, e o Presidente do Quénia, Uhuru Kenyattta, e o seu adjunto, Williams Rotu, estão também a ser julgados no Tribunal Penal Internacional de Haia pelo seu envolvimento na violência pós-eleitoral de 2008 no Quénia, que causou a morte de muitas pessoas.

O Tribunal Internacional Especial foi criado pelas Nações Unidas em 1994 para julgar os autores do genocídio, da tortura, da violação e de outros crimes no Ruanda. O tribunal condenou muitos dos culpados, enquanto outros ainda estão a ser julgados. Robert Bales, um soldado americano que massacrou dezasseis civis em Kandahar, no Afeganistão, em março de 2012, foi recentemente condenado a prisão perpétua sem possibilidade de liberdade condicional pelas autoridades militares americanas. Só escapou à pena de morte porque se declarou culpado. Embora tenha cometido o crime no ativo, foi considerado culpado em condições de guerra por violar as regras e os costumes da guerra ao matar civis.[8] Em 2009, foi criado no Bangladesh um tribunal penal internacional para julgar as pessoas que cometeram violações graves do direito internacional humanitário durante a guerra de independência de 1971.[9] Na sequência do relatório da Comissão de Investigação de Crimes de Guerra, indivíduos notáveis como Abdul Kalam Azad, Abdul Kader Mullah e outros foram recentemente condenados por assassínio, violação e tortura. O mesmo se aplica à República Democrática do Congo, onde Thomas Lubanga e outros culpados foram levados perante o Tribunal Penal Internacional para serem julgados por violação e outros crimes de guerra.

A promoção dos direitos e o reconhecimento desses direitos, que levou Martin Luther King Jnr a afirmar que "a injustiça em qualquer lugar é uma ameaça à justiça em todo o lado"[10] galvanizou o mundo a tomar medidas contra os criminosos que estão tão dispostos a expor os outros à barbárie que, se não for punida, representa uma ameaça mortal para toda a humanidade. Os crimes de guerra, os crimes contra a humanidade, o genocídio e os crimes de agressão constituem um ataque à nossa humanidade colectiva e um retrocesso para a civilização humana. Perpetuam a impunidade e a injustiça em qualquer sociedade onde tais atrocidades ficam impunes. Qualquer sociedade que pretenda viver em harmonia, usufruir da dignidade humana, da liberdade, da justiça social, do Estado de direito e do respeito mútuo deve responsabilizar aqueles que violam ou violaram as regras e os costumes de guerra e indemnizar as vítimas dessas infracções.

Reconhecendo esta necessidade, o Gana, tal como recomendado pela Comissão de Reconciliação Nacional (CNR) em 2006, indemnizou todos aqueles que foram vítimas de violações dos direitos humanos durante o regime militar e o Gana tornou-se uma nação melhor em resultado destes esforços. É impossível a Nigéria tornar-se uma nação de sucesso ou gozar de justiça social sem confrontar o passado chocante do pogrom/genocídio da guerra desnecessária.[11] Chegou, pois, o momento de a Nigéria se

---

[7] Carey, John, "International Humanitarian Law: Origins, Challenges and Prospects" Martinus Nijhoff publishers London (2004)

[8] Mendis, Chinthaka [Editado por Hemamal Jayawardena]. "Application of International Humanitarian Law to the United Nations Armed Forces" [Aplicação do Direito Internacional Humanitário às Forças Armadas das Nações Unidas]. EUA: Zeilan Press. (2007) p. 108.

[9] GSDRC, "Quadro jurídico internacional para a ação humanitária: Topic Guide". (2013)Birmingham, Reino Unido: Imprensa da Universidade de Birmingham http://www.gsdrc.org/go/topic-guides/international-legal-framework/ (acedido em 29 de março de 2015)

[10] Martin Luther King Jnr, op. cit., p. 1

[11] Microsoft Encarta, op. cit., na página 2.

reconciliar com o seu passado vergonhoso, quer através da criação de um tribunal penal internacional, em colaboração com o Conselho de Segurança das Nações Unidas, para conduzir uma investigação e elaborar um relatório que leve à justiça todos os implicados no pogrom/genocídio, nos crimes de guerra e nos crimes contra a humanidade cometidos durante a guerra Nigéria-Biafra, de ambos os lados do conflito, quer remetendo-os para o Tribunal Penal Internacional de Haia.

1.1.0: Antecedentes do estudo

A Nigéria é um dos países mais fascinantes de África. Há grandes cidades com todos os luxos da vida moderna e aldeias remotas sem água corrente.[12][13] É um país arenoso, com zonas costeiras pantanosas, planícies relvadas com árvores e arbustos e florestas tropicais quentes e húmidas. A Nigéria é um país da África Ocidental que se estende para o interior desde a extremidade oriental do Golfo da Guiné até à República do Níger, a norte. Os Camarões situam-se na fronteira oriental da Nigéria, o Benim a oeste e o Chade a nordeste. A Nigéria é uma nação multiétnica com mais de duzentos e cinquenta grupos tribais, sendo que os Hausa-Fulani, os Yoruba e os Igbo constituem cerca de sessenta por cento da população. Com as suas muitas tribos diferentes, a Nigéria é o país mais densamente povoado de África. A população está dividida em muitos grupos e cada área é dominada por um grande grupo étnico. Os Hausa-Fulani vivem no norte, os Yoruba no sudoeste e os Igbo no sudeste.[13] A Nigéria situa-se na costa atlântica do Golfo da Guiné e é constituída em grande parte por um planalto plano atravessado por rios, nomeadamente o Níger e o seu maior afluente, o Benue. O país deve o seu nome ao seu rio principal. Até 1991, a maior cidade, Lagos, na costa sudoeste, era a capital; depois, a cidade de Abuja, no centro do país, tornou-se a capital.

Com um parlamento ativo e uma economia sólida, o país mais populoso de África fez a transição para a independência em 1960 aparentemente sem problemas.[14] Embora o norte muçulmano, maior e mais populoso, governado por poderosos emires feudais, tenha demorado a ser influenciado pelo Ocidente, a sua maioria legislativa dominava o parlamento federal.

Os trágicos acontecimentos de 1966 tiveram início a 15 de janeiro, quando um golpe militar de oficiais do exército derrubou o governo e levou ao estabelecimento de um governo militar sob o comando de um general Ibo, Johnson T. U. Aguiyi-Ironsi, que se rodeou de conselheiros Ibo.[15] O ressentimento do Norte levou a ataques contra os Ibos e, a 29 de julho, o regime do General Ironsi foi derrubado e o Tenente-Coronel (mais tarde Major-General) Yakubu Gowon, um Hausa do Norte, tornou-se chefe de Estado do Governo Militar Federal (FMG).[16] Em setembro, 20.000 a 30.000 Ibos foram massacrados e muitos mais foram atacados e mutilados.[17] Vendo-se condenados à

---

[12]Levey Israel "Nigerian and the Biafra civil war" Journal of Genocide Research, (2014) Vol.16 No.2-3 publicado em http://www.dx.doi.org/10.1080 p.34

[13] Nowa, Omoigiu "Nigerian Civil War File: The Mistakes of the Nigerian Federal Army in the Nigerian Civil War" [Ficheiro da Guerra Civil Nigeriana: Os erros do Exército Federal Nigeriano na Guerra Civil Nigeriana].
(1969) publicado em htt://www.gamiji.com/nowa62.htm Retrieved 9 March 2015

[14] Frederick Forsyth, "Biafra Story: The Making of an African Legend" Penguin Books, Grã-Bretanha, (1969) p.67

[15] Ejibunu, Hassan Tai "Nigeria's Delta Crisis: Root Causes and Peacelessness" (2007) in htt://www.aspr.ac. at/epu/research/rp_0707

[16] Diamond, Larry. "Class, Ethnicity and Demoracy in Nigeria: The Failure of the First Republic" Basingstroke, Reino Unido, Macmillian Press. (1988)

[17]Alexander. A. Madiebo "The Nigerian Revolution and the Biafra War" Fourth Dimension Publishers

extinção, os Ibos de toda a Nigéria regressaram em massa à região oriental, onde, sob a direção do governador militar regional, o tenente-coronel (mais tarde general) Chukwuemeka Odumegwu Ojukwu, muitos defenderam a autonomia local e os mais militantes exigiram a independência. A rutura deu-se a 30 de maio de 1967, três dias depois de o governo federal ter dividido as quatro regiões em 12 Estados, com o objetivo de as descentralizar e, assim, reduzir os conflitos tribais.[18] Isolados pela divisão do comércio costeiro e dos recursos petrolíferos que os teriam tornado economicamente viáveis, os Ibos declararam a independência da região oriental sob o nome de República do Biafra (em referência ao nome de uma baía no Golfo da Guiné). Os combates eclodiram em junho e, apesar dos avanços do Biafra nos primeiros meses da guerra, no final do ano as forças da Federação tinham cercado cada vez mais o Biafra, que continuava a defender-se com uma atitude de guerrilha.

1.2.0: Definição do problema

No contexto deste trabalho acima descrito, é fácil reconhecer o problema de que, quase trinta anos antes da Jugoslávia, antes do Ruanda, antes do Darfur, mais de dois milhões de pessoas - mães, crianças, bebés, civis - perderam as suas vidas devido às políticas flagrantemente insensíveis e desnecessárias dos responsáveis do Governo Federal da Nigéria. Temos de desenterrar o passado porque o nosso presente está repleto de dificuldades que muitas vezes parecem intransponíveis. A tolerância e a compreensão dão frequentemente lugar à hostilidade e à ignorância, a raiva substitui a deliberação ponderada e a insensibilidade suplanta a compaixão. Só chegando a um acordo, seja através dos tribunais ou fora deles, poderemos reconstruir o nosso futuro e ter esperança de criar um país formidável.

Além disso, o investigador acredita que fazer as perguntas essenciais para nos compreendermos melhor a nós próprios e aos nossos vizinhos é fundamental, ou mesmo essencial, para a nossa humanidade. No caso da guerra Nigéria-Biafra, existe pouca literatura relevante para ajudar a responder a estas questões: O Governo Federal da Nigéria cometeu genocídio contra o povo do Biafra através das suas medidas punitivas, a mais notória das quais foi "a fome como arma legítima de guerra"? O bloqueio de informação em torno da guerra é um caso de supressão histórica calculada? Por que razão não foi criado um tribunal penal internacional após a guerra para julgar os que cometeram crimes de guerra, crimes contra a humanidade e genocídio em território nigeriano? O silêncio das Nações Unidas foi deliberado? Porque é que a guerra não foi discutida ou ensinada aos jovens mais de quarenta anos depois de ter terminado? Estaremos para sempre condenados a repetir os erros do passado porque somos demasiado teimosos para aprender com eles?

O fracasso das Nações Unidas em criar um Tribunal Penal Internacional em território nigeriano poderia, como o demonstraram exemplos recentes de actividades dissidentes, mergulhar a Nigéria numa nova ronda de guerra civil brutal que teria consequências devastadoras não só para o país mas para toda a sub-região. [19][20]Segundo as Nações Unidas ( ) e o Departamento de Estado dos EUA ( ), estima-se que 50 000

Nigeria (1980) p.34

[18] Ken Saro Wiwa "On a Darkling Plain: An Account of the Nigerian Civil War" (Numa planície sombria: um relato da guerra civil nigeriana) Saros International Publishers: Port-Harcourt (1989) p.4

[19] Coulon, Joseph "Soldiers of Diplomacy: The United Nations, Peacekeeping, and the New Order" University of Toronto Press, Canadá (1998) p. 34

[20] Plischk, Elmer "U.S. Department of State: A Refrence History" Westport, Conn, Green Wood Press, (1999) p. 45

crianças tenham sido mortas durante a guerra civil e que mais de um milhão delas tenham sido sujeitas ou envolvidas em actos de violência, enquanto o número de mulheres violadas é estimado em mais de 25 000. Se é possível propor um tribunal penal para a ex-Jugoslávia ou para a Serra Leoa, é difícil perceber por que razão a Nigéria tem estado manifestamente ausente da discussão sobre a condenação de homens que, conscientemente, cometeram graves atrocidades contra pessoas indefesas e inocentes por razões políticas e outras. O silêncio da comunidade internacional sobre as atrocidades cometidas no passado em território nigeriano é em parte responsável pelo elevado nível de impunidade no país.

1.3.0: Objectivos do estudo

O objetivo desta tese é dar possíveis respostas à questão levantada no enunciado do problema. Especificamente, o objetivo desta tese é lançar mais luz sobre as razões pelas quais o Conselho de Segurança das Nações Unidas não exerceu os seus poderes ao abrigo da Carta das Nações Unidas VII após a Guerra Civil Nigeriana de 1960 a 1970, como fez noutras jurisdições como o Julgamento de Nuremberga, o Tribunal Militar Internacional (TMI), o Tribunal Penal Internacional para a ex-Jugoslávia (TPIJ), o Tribunal Penal Internacional para o Ruanda (TPIR), a Câmara Extraordinária dos Tribunais do Camboja, o Tribunal Especial para a Serra Leoa e muitos outros. Por outro lado, são feitas recomendações para resolver alguns dos problemas que surgiram do facto de as Nações Unidas não terem conseguido criar um Tribunal Penal Internacional na sequência da guerra Nigéria-Biafra. Para além disso, o trabalho procura demonstrar o verdadeiro papel das organizações internacionais na resolução de conflitos. Outro objetivo da tese é analisar a guerra civil nigeriana de uma perspetiva jurídica, uma vez que a maior parte dos relatos são de uma perspetiva histórica.

1.4.0: Importância do estudo

Sobreviver à vida depois de uma guerra revela-se muitas vezes tão árduo como sobreviver à própria guerra. Tal como no caso do domínio colonial, as feridas psicológicas dos conflitos armados perduram para além das económicas. As consequências da guerra começam muitas vezes com um cessar-fogo. O sofrimento e a catástrofe humanitária deixados pela destruição da guerra continuam muito depois de as armas terem sido silenciadas - meses e anos. No Biafra, cidades e aldeias inteiras, escolas e quintas foram destruídas. As estradas e as zonas rurais estavam pejadas de minas terrestres que continuaram a mutilar e a matar transeuntes desprevenidos muito depois do fim das hostilidades. Muitas pessoas tinham perdido tudo o que possuíam. Milhares de familiares foram dados como desaparecidos pelas suas famílias. O estudo é importante na medida em que ajuda a descobrir e a explicar as dimensões e dinâmicas subjacentes às provações vividas pelos nigerianos durante e após a guerra civil nigeriana. A questão de saber o que fazer depois de um conflito armado é difícil, mas inevitável, e é por isso que este trabalho é importante, uma vez que irá sugerir soluções para o que fazer.

O estudo é importante na medida em que contribuirá para as crescentes exigências de reparação e indemnização das vítimas da guerra civil nigeriana e das suas consequências. Esta investigação é uma tentativa de lançar luz sobre o genocídio cometido contra os biafrenses.

Por último, o estudo servirá de projeto-piloto para investigação futura; no fundo, ajudará os investigadores, tanto académicos como estudantes, em história Igbo e estudos de conflitos a gerar ideias.

1.5.0: Âmbito do estudo

Esta tese aborda, em termos gerais, a guerra civil nigeriana, centrando-se na crise humanitária que daí resultou. Por conseguinte, este trabalho não se limitará ao fracasso das Nações Unidas em criar um Tribunal Penal Internacional para julgar aqueles que cometeram crimes de guerra, crimes contra a humanidade, genocídio e crimes de agressão durante a guerra, mas também discutirá a criação do Tribunal Penal Internacional, a aplicação do direito internacional humanitário pelas Nações Unidas e a posição do Biafra. Há muitos limites para uma obra deste género.

1.6.0: Metodologia

O trabalho baseia-se numa abordagem prática e histórica; neste sentido, os dados são recolhidos através de fontes primárias e secundárias que vão desde livros didácticos, revistas, jornais, boletins e relatórios jurídicos, e-mails, correspondência, relatórios orais, vídeos, documentários, entrevistas e materiais escritos por vários académicos e investigadores sobre o assunto. Este é um domínio em que a utilização da Internet é preciosa. Os manuais escolares e as revistas também foram utilizados em áreas do estudo em que eram suficientes. Este trabalho de investigação é de natureza expositiva e analítica e procura lançar mais luz sobre áreas cinzentas e impopulares da história da guerra civil nigeriana.

1.7.0: Definição de termos

Neste ponto, definiremos alguns dos termos que serão recorrentes ao longo deste trabalho, a fim de familiarizar o leitor com o contexto em que são utilizados.

1. Análise: um exame aprofundado de algo para o compreender melhor ou para tirar conclusões.

2. Guerra civil: uma guerra entre grupos de pessoas num mesmo país.

3. Tribunal penal: Um tribunal penal pode ser definido como um tribunal que tem competência apenas em casos considerados crimes públicos e proibidos por lei, pelo direito comum ou pelo direito internacional consuetudinário.

4. Falha: inadequação; deficiência; ausência. A ausência de uma ação, acontecimento ou desempenho esperado

5. Direito internacional humanitário: Simplificando, o direito internacional humanitário, ou melhor, o direito internacional humanitário, pode ser definido como o aspeto do direito internacional que regula os meios e métodos de guerra e garante que os beligerantes não travam guerras partindo do princípio de que os meios e métodos de guerra são ilimitados.

6. Jurisprudencial: relativo à jurisprudência, ou seja, um ramo do direito ou o direito tal como se aplica a um determinado domínio da vida, neste caso a guerra.

7. Nigeriano: em referência à Nigéria, ou seja, um país da África Ocidental, no Golfo da Guiné, a sul do Níger. É um membro independente da Commonwealth britânica desde 1960.

8. Tribunal: o Black's Law Dictionary define-o como um "tribunal ou outro órgão judicial". O Essential Law Dictionary, por seu lado, define-o como "um juiz ou grupo de juízes com jurisdição numa área".

9. Nações Unidas: organização internacional de países fundada para promover a paz e a cooperação mundiais

10. Guerra: uma eclosão de hostilidade ou conflito armado. Uma luta armada entre grupos, um período de relações hostis entre países, Estados ou facções, que resulta em combates entre forças armadas, especialmente em batalhas terrestres, aéreas ou marítimas.

CAPÍTULO 2: REVISÃO DA LITERATURA
2.0.0: INTRODUÇÃO

A guerra civil nigeriana foi uma experiência crucial no desenvolvimento histórico da Nigéria, na qual foi derramado o sangue de milhões de nigerianos. Abundam livros, revistas, artigos e ensaios sobre o assunto, especialmente sobre as causas e os efeitos da guerra. Estes diferentes relatos variam consoante a formação do autor; no entanto, provaram ser relevantes neste contexto. A Guerra Civil da Nigéria constituiu um marco significativo na história militar e nas relações diplomáticas de um Estado africano independente.[21] Pela primeira vez, a tecnologia do século XX chegou a um campo de batalha onde nigerianos enfrentaram nigerianos em combate convencional. As quantidades de armas modernas na guerra entre a Nigéria e o Biafra não eram muito grandes, mas o seu impacto foi grande. [22][23]Não havia tanques nem artilharia pesada (os maiores eram canhões russos de 122 metros), pelo que a letalidade dos combates individuais não pode ser comparada à dos conflitos israelo-árabes ou de outras campanhas de tecnologia intensiva em zonas de guerra. No entanto, centenas de milhares de pessoas morreram na guerra civil nigeriana, principalmente devido à fome associada à guerra de cerco.[24]

Na sequência da declaração do estado de emergência por Gowon e do subsequente anúncio da secessão e da criação do Estado do Biafra por Ojukwu, houve uma mobilização para a guerra de ambos os lados em junho seguinte. [25] A série de provocações fronteiriças de ambos os lados das regiões oriental e setentrional culminou num tiroteio a 6 de julho de 1967, que marcou o início da guerra. Os factores que conduziram a esta guerra só podem ser compreendidos na complexidade e no labirinto do sistema político e da história da Nigéria. [26] O autor também levantou a questão de saber o que constitui o interesse nacional da Nigéria no sistema internacional.

Muito se tem escrito sobre a guerra civil nigeriana. [27] Existem muitos estudos, relatos pessoais (publicados e não publicados) e documentação militar que descrevem em pormenor o desenvolvimento do país e os factores que levaram ao início da guerra em 1967. [28][29]Luckham Robin, por exemplo, apresentou uma análise pormenorizada da evolução do exército nigeriano entre 1960 e 1967 no seu livro . Luckham delineou os factores que permitiram aos militares nigerianos tomar o poder; analisou os golpes de

---

[21] África BBC News. "Biafra: Thirty years on" (1967) in http://www.bbc.news.com/africa world/ Retrieved 19 March 2015

[22] Chima J Korieh, "Biafra and the Discourse on the Igbo Genocide", (2013) Journal of Asian and African Studies Nigeria Vol. 48. No. 6727-740,

[23] IPA, "Nigeria's Foreign Policy After the Cold War: Domestic, Regional and External Relations", Reino Unido, 2005.

[24] M.R. Stafford, "Fast Death in Slow Motion: The Nigerian Civil War". (1980) Subject Area Intelligence Report, Marine Corps Command and Staff College, Virgina.

[25] Op. cit., p. 13

[26] Heerten & Moses, "The Nigeria-Biafra War: Post Colonial Conflict and the question of Genocide",(2014) Journal of Arts and Social Science, Port-Harcourt Vol.,2001. p 67 publicado em http://www.cadmus.eui.eu/handle/1814/13 recuperado em 15 de agosto de 2015

[27] Heerten & Moses, op. cit., p. 19

[28] Olawoyin, James, "Historical Analysis of the Nigeria-Biafra Conflict" (1971) York University Press, Canadá, pp. 137-139.

[29]Luckham Robin "The Nigerian Military: A Sociological Analysis of Authority and Revolt 1960-1967" (1971), publicado em http://www.jstor.org/stables/41406417/retrieved a 25 de março de 2015

1966 e os contragolpes; e examinou o exército nigeriano como um sistema social politizado e a caminho do desastre em 1967. O seu trabalho é excelente, mas não contém todos os pormenores das operações do exército do Biafra, o que permitiria fazer um estudo completo do exército nigeriano e do grupo rebelde durante a guerra civil de 1967-1970.

Nenhum escritor está melhor colocado do que Chinua Achebe para contar a história da Guerra do Biafra na Nigéria de uma perspetiva cultural e política. [30]No entanto, para além de uma entrevista à Transition Mazine, em 1968, e de um livro de poemas sobre o Biafra, o escritor mais importante da Nigéria manteve-se literariamente silencioso sobre a guerra civil, na qual desempenhou um papel importante, até publicar as suas memórias sobre a guerra civil nigeriana, "There was a Country". A publicação do livro desencadeou um aceso debate entre os nigerianos na Internet e nos jornais.

[31]Oyewole Fola escreveu o livro "Reluctant Rebel" e deu o seu testemunho pessoal da guerra civil enquanto oficial do estado-maior do Biafra. Esta obra foi incluída na presente análise porque fornece uma visão em primeira mão da guerra no Biafra. Descreve uma operação militar objetiva no Biafra e menciona o apoio que o exército rebelde recebeu da França.

Olusegun Obasanjo, antigo presidente civil da Nigéria, também publicou o seu próprio relato em "My Command".[32] A autobiografia expõe as causas da guerra civil e faz um relato exaustivo do que aconteceu nas primeiras fases da guerra. A autobiografia descreve as causas da guerra civil e faz um relato exaustivo do que aconteceu nas fases iniciais da guerra.

Mas, por mais credível que tenha sido este trabalho, há ainda muito a dizer sobre o impacto a longo prazo da guerra civil na política externa nigeriana e sobre o fracasso das Nações Unidas em criar um Tribunal Penal Internacional. Durante e após a guerra, pouco ou nada fizeram para julgar os crimes cometidos. Entre os investigadores que se debruçaram sobre o impacto da guerra na política externa nigeriana contam-se Aluko, Olajide (ed.). The Foreign Policies of African States , Solomon, Akinboye Nigeria's Foreign Policy , Joy Ogwu Nigeria foreign policy: Alternative Figures , e G.O Olusanya e R.A. Akindele (eds) Nigeria's External Relations: The First Twenty Five Years.

2.1.0: Breve história da guerra civil nigeriana

[33]Segundo Chinua Achebe ( ), os antecedentes imediatos da guerra foram uma complexa rede de tensões e de violência entre as regiões e os grupos étnicos da Nigéria, nomeadamente entre as regiões oriental e setentrional. Em janeiro de 1966, oficiais do exército tentaram tomar o poder e os conspiradores, na sua maioria Ibos (do Leste), assassinaram várias figuras políticas importantes, bem como oficiais de origem nortenha. O comandante do exército, o Major-General Ironsi, também um Ibo, restabeleceu a disciplina no exército, suspendeu a constituição, proibiu os partidos políticos, formou um Governo Militar Federal (FMG) e nomeou governadores militares para cada uma das regiões da Nigéria.[34]

---

[30] Chinua Achebe "There Was a Country: A Personal History of Biafra" (2012) U.S.A. Penguin Group

[31] Oyewole Fola , "Reluctant Rebel" (1975), Rex Colings Ltd p. 56.

[32] Olusegun Obasanjo "My Command" (1981) Oxford University Press, Volume 80 publicado em http://www. Jstor. org/ stable /721674

[33]Chinua Achebe, op. cit., p. 21

[34] R.O., Ajetunmobi "The Ethnic Basis of the Nigerian Civil War 1967-1970" in Journal of Arts and Ciências Sociais, Vol.,2001. p 67

[35]O Decreto de Unificação de Ironsi, de março de 1966, que aboliu os governos regionais da Nigéria e uniformizou a função pública a nível federal e regional, foi visto por muitos não como uma tentativa de estabelecer um governo de unidade, mas como uma conspiração dos Ibo para dominar a Nigéria. As tropas do norte, que dominavam a infantaria nigeriana, tornaram-se cada vez mais inquietas e eclodiram combates entre elas e os soldados Ibo nas guarnições do sul.[36] Em junho, a multidão, apoiada por oficiais locais, levou a cabo um pogrom contra os Ibos locais nas cidades do norte, massacrando várias centenas de pessoas e destruindo propriedades dos Ibo. [37]Segundo Achebe, o golpe de Estado ingenuamente idealista de 15 de janeiro de 1966 revelou-se um terrível desastre. Foi plausivelmente interpretado como uma conspiração dos ambiciosos Igbo do Leste para tomar o controlo da Nigéria ao Norte Hausa/Fulani. Os oficiais do Norte levaram a cabo um golpe de vingança, no qual mataram um grande número de oficiais e homens Igbo. [38]Ceruenka ( ) escreveu que, se tivesse continuado assim, o caso poderia ter sido visto como um interlúdio muito trágico na construção da nação, uma escaramuça terrível. Mas os nortenhos viraram-se contra os civis Igbo que viviam no norte e desencadearam uma onda de massacres brutais que Colin Legum, do jornal britânico Sunday Observer, foi o primeiro a chamar de pogrom. Na altura, um serra-leonês que vivia no norte da Nigéria escreveu para casa, horrorizado: "A matança de Igbos tornou-se uma indústria estatal na Nigéria.[39]

Neste contexto, em julho de 1966, houve um contra-golpe de oficiais do norte, no qual foram mortos Ironsi e outros oficiais Ibo.
O tenente-coronel (mais tarde general) Yakubu "Jack" Gowon foi nomeado líder. [40][41]De acordo com Luckham Robin ( ), o objetivo do golpe era vingar os Ibos pelo golpe de janeiro e promover a secessão do Norte, embora Gowon tenha rapidamente recuado no seu apelo explícito.[42] Gowon nomeou-se comandante-em-chefe das forças armadas e chefe do governo militar, o que foi rejeitado pelo governador militar da região oriental, o tenente-coronel Ojukwu, que afirmou, com alguma justificação, que o regime de Gowon era ilegítimo.[43]

No final de 1966 e em 1967, o ritmo da violência aumentou.[44] Em setembro de 1966, os ataques contra os Ibos do norte prosseguiram com uma ferocidade sem precedentes, que os dirigentes da região oriental acreditavam ser instigada pelos dirigentes políticos do norte. Circularam relatos de que tropas da região norte estavam envolvidas nos massacres. O número de mortos foi estimado entre 10.000 e 30.000. Mais de um milhão de Ibos regressaram à região oriental com medo.[45]

---

[35] N.º 34 de 1966

[36] Webster, J.B., "The Revolutionary Years: West Africa since 1800" (1975) Journal of Africa Histroy Cambriged, Cambriged University Press, p. 308

[37] Chinua, Achebe, op. cit., página 21

[38] Ceruenka, Z. "The Nigerian Civil War" Oxford University Press, Londres (1967) p. 34

[39] Citado em: M.R Staford, Op. Cit. em 24

[40] Hptt//: www.news.biafranigerianworld.com acedido em 27 de abril de 2015

[41] Robin, Op. Cit.,at 23

[42] Hptt//: www.bbc.co.uk acedido em 27 de abril de 2015.

[43] John de St. Jorre, "The Brothers' War: The Nigerian Civil War" (1972) Boston, Houghton mifflinCompany, p. 58.

[44] Falola, Toyin, e Julius Omozuanvbo Ihonvbere. "The Rise and Fall of Nigeria's Second Republic", 19791983. Londres: Zed Books, 1985.

[45] http//: www.emeagwali.com recuperado em 27 de abril

[46]De acordo com Akpan , os líderes militares reuniram-se em Aburi, no Gana, em janeiro de 1967. [47] Nessa altura, a Região Oriental, sob o comando de Ojukwu, ameaçava separar-se. Muitos dos colegas orientais de Ojukwu argumentavam agora que os massacres de setembro anterior mostravam que o país não podia ser reunificado de forma amigável.[48] Numa última tentativa de manter a Nigéria unida, foi alcançado um acordo em Aburi que previa uma vaga confederação de regiões. Gowon promulgou um decreto que implementava o Acordo de Aburi e até a região norte era agora favorável à formação de uma confederação de regiões.

federação multi-estatal. No entanto, a função pública federal rejeitou vigorosamente o Acordo de Aburi e tentou derrubá-lo.[49]

[50]Ojukwu e Gowon discutiram então sobre o que tinha sido exatamente acordado em Aburi, especialmente depois de o governo militar ter emitido um decreto sobre traição e outras ofensas (Tribunal Militar Especial) em março, que Ojukwu considerou uma violação do compromisso assumido pelo governo militar em Aburi de conceder mais autonomia à Região Oriental. O novo decreto conferia ao governo federal o direito de declarar o estado de emergência em qualquer região e de garantir que nenhum governo regional pudesse minar o poder executivo do governo federal.[51] Ojukwu lançou então um ultimato a Gowon para que a Região Oriental começasse a aplicar o Acordo de Aburi, que previa uma maior autonomia regional, até 31 de março.[49]

Enquanto o Biafra ameaçava separar-se e declarar um Estado independente, o Governo Militar Federal (GFM) impôs-lhes sanções para os pôr na linha.[50] A 26 de maio, a Assembleia Consultiva Regional do Leste votou a favor da secessão da Nigéria e, no dia seguinte, Gowon declarou o estado de emergência em todo o país, proibindo as actividades políticas e anunciando um decreto que devolvia plenos poderes ao GF. Foi também promulgado um decreto que dividia o país em doze Estados, seis dos quais no Norte e três no Leste.

Em 30 de maio de 1967, o Biafra declarou a independência e, em 7 de julho, a FMG iniciou as operações para o derrotar. A guerra durou até janeiro de 1970, quando um exército federal nigeriano extremamente bem equipado, com mais de 85.000 homens, fornecido pela Grã-Bretanha, pela União Soviética e por alguns outros países, enfrentou um exército voluntário do Biafra, inicialmente equipado em grande parte com tropas nigerianas capturadas

e que só mais tarde conseguiu obter quantidades relativamente pequenas de armas do exterior.

2.2.0: As causas remotas e imediatas da guerra civil nigeriana

Muito se tem escrito sobre os factores responsáveis pela eclosão e perpetuação da guerra civil, mas se quisermos compreender bem a guerra, temos de tentar obter uma visão geral dos factores que podem ser vistos como o pano de fundo do conflito, incluindo o golpe de 15 de janeiro de 1966, as tensões e ressentimentos étnicos, o contra-golpe e o

---

[46] Akpan, citado em Oyewole Fola, op. cit. p. 16

[47] http//: www.nationalarchives.gov recuperado em 27 de abril de 2015

[48] BBC News "Nigeria country profile" (19 de abril de 2011) in http://www.bbc.com. Recuperado em 27 de abril

BBC News, op. cit., página 13

E,O Eghosa,. e T.S. Rotimi, "History of Identities, Violence and Stability in Nigeria" Reino Unido; CRISE Working

Paper, lagos n.º 6, (2005) p. 13

assassinato, o pogrom e o fracasso do governo da época em aplicar o Acordo de Aburi.

[54]No seu livro "Trouble with Nigeria" , Chinua Achebe descreve os problemas que impedem o desenvolvimento socioeconómico e político da Nigéria: tribalismo, falsa autoimagem, problemas de liderança, falta de patriotismo, injustiça social e mediocridade, indisciplina e corrupção. Segundo Achebe, estes problemas atrasam as rodas do desenvolvimento. Estes problemas prepararam o terreno para a eclosão da guerra civil. Os problemas acima identificados por Chinua Achebe podem ser corretamente descritos como as causas remotas da guerra civil nigeriana. No entanto, a obra destaca os males que afligiram a Nigéria sem discutir o impacto da guerra nos cidadãos.[55]

[56]De acordo com Ikejiani e Ikejiani, a guerra civil nigeriana foi um ramo discordante da árvore da independência. A Nigéria pós-independência era uma nação não consolidada e a unidade nigeriana baseava-se mais em tréguas do que em consenso e patriotismo. Consequentemente, a Nigéria pós-independência viu-se confrontada com escolhas fundamentais entre a cooperação e o conflito. É preciso não esquecer que a luta pela independência não foi longa.

Ao longo da história, não foi feito qualquer esforço consciente e concertado para construir uma nação e criar um verdadeiro sentimento de pertença entre os diferentes grupos étnicos. A força política estava organizada e os líderes políticos da Nigéria eram, de facto, os líderes dos seus vários grupos étnicos. E, como temos de ler, os participantes no diálogo que conduziu à independência eram maioritariamente líderes dos três principais grupos étnicos/nacionais e o nacionalismo que criaram não tinha raízes profundas nem fundamentos psicológicos ou ideológicos profundos.

[57]É óbvio que, seis anos após a independência, a Nigéria estava de pé ou deitada num solo encharcado de sangue e, com isso, a esperança do povo na independência estava a desaparecer rapidamente. Como já foi referido, a causa imediata da guerra civil nigeriana foi o golpe militar de janeiro e julho de 1966. Seja qual for a razão, o governo militar do Major-General Aguiyi Ironsi não durou muito tempo. Em 19 de julho de 1966, os soldados do norte atacaram. Mataram 224 oficiais orientais e outras patentes, e o tenente-coronel Yakubu Gowon, autor do golpe, foi nomeado novo chefe de Estado. Há que admitir que o contragolpe seguiu o padrão do primeiro golpe, pois parece que apenas uma certa liderança política étnica e os seus oficiais superiores do exército foram visados. Por outras palavras, o contragolpe foi ainda mais violento do que o primeiro, uma vez que o governo de Gowon não conseguiu impedir o massacre dos Igbo. Umozurike observou o seguinte:

> "A partir de 29 de setembro de 1966, registaram-se massacres maciços de orientais no Norte. O massacre foi bem organizado e levado a cabo pela multidão, pela polícia administrativa local e por elementos do exército do Norte.[58]

[54] Chinua Achebe, "The Trouble with Nigeria", Enugu, fourth Dimension Publishing Co, Ltd, (1985) p. 45.

[55] Michael Peel "A Swamp Full of Dollars: Pipelines and Paramiliatries at Nigeria's Oil Frontirer" I.B. Tauries & Co. Ltd, Londres (2009) p.26

[56] O. Ikejiani e M. O. Ikejiani, "Nigeria: political Imperative (Desiderata for Nationhood and Stability", Enugu, Fourth Dimension Publishing Co. Ltd, (1986) pp. 5-6.

[57] S.I. Okoro, "Reflections on Igbo perspectives on the Nigerian Civil War: 1967" (2008) in U.D. Anyanwu e U.U. Okonkwo (eds), perspectives on the Nigerian Civil War, Owerri, Imo State University press, 2010, p. 204.

[58] U. O. Umozurike , "The Right of the Igbo to Exist" in A. E. Afigbo (ed) "The Tears of the nations"

O correspondente da imprensa internacional que registou a cena disse:

> "Pagãos que gritam! E Alá! A multidão e as tropas invadiram o Sabon Gari (bairro estrangeiro). Saquearam, pilharam e queimaram casas e lojas Ibo e assassinaram os seus proprietários."

O poder federal foi incapaz de proteger as vidas, as liberdades e os bens dos Estados.[59] O tenente-coronel Ojukwu, o governador militar da região oriental, protestou contra isso, mas a tentativa foi infrutífera. No entanto, tornou-se imperativo para o povo do Leste utilizar as alternativas disponíveis para restaurar a segurança.

Após os dois golpes de Estado sangrentos de 1966, o governador militar da região oriental da Nigéria, o tenente-coronel Emeka Ojukwu, recusou-se a participar numa reunião do Conselho Militar Supremo fora da região oriental da Nigéria por recear pela sua segurança. O massacre dos Igbo no norte da Nigéria só veio aumentar o sentimento de isolamento e insegurança de Ojukwu. A hostilidade pública de Ojukwu para com o Governo Militar Federal (FMG) (que ele suspeitava apoiar tacitamente ou estar envolvido nos massacres) irritou o FMG, que começou a suspeitar que Ojukwu estava a planear anunciar a secessão da Região Oriental do resto da Nigéria. No entanto, para procurar ou negociar uma solução para a situação, os líderes da FMG, liderados pelo Tenente-Coronel Yakubu Gowon, e os líderes do Biafra, liderados pelo Tenente-Coronel Ojukwu, concordaram em reunir-se em Aburi, de 5 a 7 de janeiro de 1967, sob os auspícios do Chefe de Estado do Gana, Tenente-General Joe Ankrah.

Um decreto deveria ser emitido antes de 21 de janeiro de 1967 para que as regiões voltassem às suas posições políticas antes de 15 de janeiro de 1966. Os oficiais militares e a generalidade dos nigerianos estavam satisfeitos com as negociações pacíficas em Aburi. Esperavam sinceramente que Aburi fosse a sua oportunidade de encontrar uma solução pacífica para os problemas da federação. Na verdade, o acordo acima referido foi alcançado na conferência de Aburi e foi aceite e adotado pelos participantes na conferência. Foi inacreditável quando Gowon deu uma conferência de imprensa em Lagos, a 26 de janeiro de 1967, onde fingiu rejeitar os acordos do Acordo. Gowon rejeitou a maior parte destas resoluções, especialmente as que diziam respeito ao pagamento das pessoas deslocadas e à convocação da conferência constitucional ad hoc.

Posteriormente, Gowon emitiu o Decreto n.º 8, que lhe dava o poder de declarar o estado de emergência em qualquer região, independentemente da vontade do governador da região.

Ojukwu, citado por U.C. Njoku, disse o seguinte

> "Aburi constituiu uma excelente oportunidade para apresentar o nosso caso à comunidade internacional. Desloquei-me ao local na qualidade de líder da fação regional do Leste. Nessa altura, era legítimo tomar conta da região oriental na qualidade de chefe de Estado devidamente nomeado. O que estava em causa era o facto de ninguém com legitimidade ter nomeado Gowon".[60]

Esta declaração reflectia a convicção de Ojukwu na soberania do Biafra, que aguardava o seu momento. Tendo reconhecido a intenção de Ojukwu, a FMG decidiu privar a Região

---

Okigwe, the Whytem publishers Nigeria, (2000) p. 15.

U. O,koro, "Ahiara Declaration in the Biafran Camp: Lessons from History", em U.D. ANyanwu e U.U. Okonkwo (eds.), (1980) perspectives on the Nigerian Civil War, Owerri, Imo State University press (2007),p.195.

[60] C. U. Njoku, "The Politics of Biafra - Geography and State Formation: Revisiting Igbo Identity Since the Nigerian Civil War", (1980) p. 144

Oriental dos seus direitos, criando mais Estados. A 27 de maio de 1967, Yakubu Gowon criou doze Estados sem consulta, sendo que dois dos três Estados em que a região tinha sido dividida pertenciam às minorias do Jubileu. A solidariedade da antiga Região Oriental ficou assim automaticamente abalada. Perante este cenário, Ojukwu anunciou a secessão da Região Oriental do resto da Nigéria em 30 de maio de 1967, com o apoio do parlamento regional.

Okechukwu Ikejiani e M. Odinchezo Ikejiani declararam que os nigerianos orientais tinham decidido pedir proteção e segurança para si próprios e para os outros. Oprimidos e massacrados, os nigerianos orientais reconheceram o seu interesse comum e apelaram a uma unidade nigeriana realista baseada numa nova federação e pediram para compreender a sua posição à luz dos acontecimentos. Argumentaram de forma muito convincente que, embora continuassem a sentir que pertenciam a um só país, queriam realisticamente viver um pouco separados numa estrutura confederal. De facto, a declaração de independência da Nigéria Oriental foi o resultado da experiência sóbria de que um sentimento de pertença sob a forma da federação então existente já não se justificava face aos acontecimentos. E foi apenas quando os seus apelos foram rejeitados que declararam a independência da sua região.[61]

2.3.0: A natureza do conflito armado durante a guerra civil nigeriana
Guerra

O conceito de guerra, tal como a guerra civil nigeriana, significa muitas coisas para pessoas diferentes. É consensual que é diferente de "paz". Em geral, a guerra é um meio para atingir um determinado fim.[62] Para explicar o conceito de guerra, Akinjide citou Clausewitz:

"É apenas uma parte do tráfico político, uma continuação da política".
O termo "guerra" tem sido objeto de muitos debates académicos e tem sido classificado de várias formas. No tempo da Guerra Fria, as várias categorias resumiam-se, grosso modo, a quatro (de acordo com a visão capitalista) ou cinco (de acordo com a visão comunista). Uma era a
guerra civil. No entanto, no âmbito do direito internacional humanitário, existem basicamente duas classes de conflitos armados, nomeadamente o conflito armado internacional e o conflito armado de carácter não internacional, o que foi reconhecido no processo **PROSECUTOR V. DUSKO TADIC**.[63]

No entanto, é fundamental que se mantenha pelo menos uma diferença entre os dois sistemas jurídicos. Nos conflitos armados internacionais, as partes em conflito são (pelo menos) dois soberanos com direitos iguais. Os participantes legítimos nas hostilidades, que de facto representam esses soberanos, têm assim o estatuto de combatentes e gozam do privilégio de fazer a guerra. Não podem ser processados pela outra parte pela sua simples participação nas hostilidades, mas apenas por violações do direito internacional humanitário. Nos conflitos armados não internacionais, contudo, as partes são fundamentalmente diferentes - normalmente um governo e um ator não estatal rebelde. Uma vez que os governos têm todo o direito de suprimir as insurreições contra eles, não há estatuto de combatente nem privilégios nos conflitos armados não

---

[61] O. Ikejiani e M. O. Ikejiani, "Nigeria: political Imperative. (Desiderata for Nationhood and Stability", Enugu, Fourth Dimension Publishing Co. Ltd, (1986) p. 26.
[62] O. O. Akanjide, "Humanitarian and Human Rights Issues in The Nigerian Civil War", em U.D. Anyanwu e U.U. OKonkwo (eds.), perspectives on the Nigerian Civil War, Owerri, Imo State University Press, (2010) p. 65.
(IT-94-1).

internacionais. Um insurreto pode ser processado pelo simples facto de ser um insurreto, mesmo que tenha cumprido integralmente as regras do direito internacional humanitário.

Recentemente, os académicos fizeram uma terceira distinção, que é designada por conflito armado internacionalizado. Parte-se do princípio de que existem apenas dois cenários possíveis para a internacionalização de conflitos armados prima facie não internacionalizados, nos quais estão envolvidos um Estado e um ator não estatal:

> O Estado A intervém num conflito interno do Estado B, em apoio do ator não estatal e contra o Estado B. Este é o cenário da Bósnia, em que a Sérvia e a Croácia apoiaram os sérvios e croatas da Bósnia contra o governo internacionalmente reconhecido da Bósnia. Este é também o cenário do ataque da Coligação ao Afeganistão após o 11 de setembro, quando juntou forças com a Aliança do Norte contra os Talibãs, que formavam o governo de facto do Afeganistão na altura, antes da criação do novo governo do Afeganistão.

> O Estado A ataca um ator não estatal no Estado B sem o consentimento de B. É este o cenário do conflito entre Israel e o Hezbollah no Líbano em 2006, e é a este cenário que Dapo se refere nos seus comentários. O termo guerra civil também se enquadra nesta última categoria.

O termo guerra civil pode ser facilmente definido como um conflito armado não internacional. De acordo com a Nova Enciclopédia Britânica, inclui qualquer conflito interno, independentemente dos motivos da luta.[64] No entanto, a guerra, em qualquer das suas categorias, é melhor explicada como um conflito armado ou hostil aberto e declarado entre entidades políticas, como Estados ou nações, ou entre facções políticas rivais do mesmo Estado ou nação. [65]De acordo com esta visão, Ndifon considerou a guerra civil nigeriana como um conflito armado de carácter não internacional.

[66][67]No entanto, contrariamente à posição de Ndifon, Akinjide e Clausewitz, subscrevo a opinião de Marko Milanovic de que o início das hostilidades que eclodiram em território nigeriano entre 1967 e 1970 foi um conflito armado internacionalizado, uma vez que houve Estados estrangeiros que apoiaram e reconheceram a posição do Biafra durante a guerra civil nigeriana. Estes países não só apoiaram o governo do Biafra, como também lhe deram apoio militar e financeiro. A partir do momento em que os Estados estrangeiros apoiaram o Biafra, tanto militar como financeiramente, a natureza do conflito armado passou de um conflito armado de carácter não internacional para um conflito armado internalizado.

As guerras civis e as guerras em geral caracterizam-se pela perda de vidas, a destruição de bens e a deslocação de pessoas. A guerra civil nigeriana continua a ser um

---

[64] L. Sill, The New Encyclopedia Britannica, vol. 29, 15ª edição, Chicago, Encyclopedia Britannia, Incorporation, vol. 29, (1980) p.636.

[65] Cyril Osim Ndifon "International Humanitarian Law and the Application of the 1949 Geneva Conventions in Nigeria" publicado em "The Calabar Law Journal" (2009) Vol. XII & XII (ISSN 01890020)por Felix Publisher

[66] ibid.

[67] Marko Milanovic "What exactly is internationalisation and internal armed conflict", publicado no European Journal of International Law. (Milanovic é professor de Direito na Universidade de Nottingham.

Faculdade de Direito. É co-editor da EJIL: Talk! e membro do conselho editorial da EJIL, bem como Secretário-Geral e membro do conselho da Sociedade Europeia de Direito Internacional). (2010)

dos acontecimentos mais horríveis que a África Subsariana viveu. Desde a independência e mesmo antes, a África assistiu a conflitos internos no Congo, Sudão, Ruanda/Burundi, Etiópia, Marrocos, Chade, Somália, Libéria, Serra Leoa e, mais recentemente, no Quénia. No entanto, em nenhum destes conflitos uma parte específica da população de um Estado foi alvo de genocídio, como foi o caso do Biafra na Nigéria. Embora se possa facilmente apontar o Ruanda e o Sudão, onde ocorreu uma espécie de barbárie genocida, o caso do Biafra é diferente, na medida em que as atrocidades ocorreram no meio de uma guerra civil declarada e ferozmente combatida.

2.4.0 Casos seleccionados de crimes cometidos durante a guerra civil nigeriana Guerra

[68]É notável que uma das piores guerras a que África assistiu, como escreve Michael Peel no seu livro, tenha terminado sem os tão temidos massacres de retaliação da população do Leste. Ambos os lados estavam cansados após o longo desgaste. Os biafrenses tinham muitos apoiantes no estrangeiro e estavam muito melhor colocados do que o governo federal para dar a impressão de que estavam a seguir uma causa nobre - justificada ou não. [69]Olusegun Obasanjo recordou que, num famoso programa de rádio, o General Gowon declarou que a guerra não tinha produzido vencedores nem vencidos. O ressentimento que tinha conduzido ao conflito continuaria vivo essencialmente devido aos crimes cometidos durante a guerra.

1967-1970 foi um período negro na história política da Nigéria. Foi um período de guerra civil entre o Governo Federal da Nigéria e a República separatista do Biafra. No início das hostilidades, havia grandes esperanças de uma vitória rápida do lado nigeriano. [70]No entanto, à medida que a guerra se arrastava e se prolongava por mais de trinta meses, como escreve Ben Gbulie ( ), as tropas federais utilizaram todo o tipo de tácticas e estratégias militares para garantir a vitória a todo o custo. Isto demonstra que as tropas nigerianas cometeram sistematicamente atrocidades que violaram os direitos humanos e o direito humanitário em vigor. [71] [72]De particular interesse, de acordo com o Professor Chinua Achebe :

* O massacre de Asaba

Olhando para trás, para os quarenta anos de guerra civil nigeriana, que começou com pogroms étnicos contra os povos do leste da Nigéria e, mais tarde, com a proclamação da República do Biafra a 30 de maio de 1967, as forças federais conseguiram rapidamente arrancar o Benim das mãos dos militares do Biafra e avançar rapidamente para o rio Níger, onde chegaram a Asaba no início de outubro de 1967. Há várias versões do que aconteceu em Asaba. De acordo com Oluwatoyin no seu artigo intitulado 'Remembering to Forget: The Nigerian Civil War, Its Post-War History and Memory Politics',[72 Murtala] Muhammed, Comandante-em-Chefe da Divisão II, e os seus tenentes, incluindo o Coronel Ibrahim, sentiram-se humilhados pela ofensiva do Biafra no Centro-Oeste. Armados com ordens directas para retomar os territórios ocupados a qualquer custo, esta divisão reuniu o maior número possível de homens e rapazes indefesos do leste e abateu-os. Segundo alguns relatos, o número de mortos foi de quinhentos, outros de

---

[68] Michael, Op. Cit., p. 29

[69] Olusegun, Op. Cit., p. 32

[70th] B en Gbulie "Nigeria's Five Majors Coup D' etat of 15 January First Insiders Account" (1981) Africana Educational Publishers (Nig) Ltd. 1966: p34

[71] Chinua, Op. Cit., p. 21

[72] Oluwatoyin O. Oluwaniyi (2009), publicado em Hptt://www.biafraconference.com, consultado em 13 de maio de 2015

mil.[73] O massacre de Asaba é conhecido por ter sido apenas uma das muitas atrocidades cometidas pelos soldados nigerianos durante a guerra que se seguiu ao pogrom. Para o povo de Asaba, foi uma abominação particular, uma vez que muitos dos mortos eram tanto chefes Igbo de alto nível como plebeus e os seus corpos foram impiedosamente despejados em valas comuns, sem qualquer consideração pelos desejos das famílias das vítimas ou pela antiga tradição da cidade.

[74]De acordo com Chinua Achebe, Sua Santidade o Papa Paulo V1, não tendo recebido garantias de cessar-fogo nem dos nigerianos nem dos biafrenses, enviou o seu emissário, o respeitado Monsenhor Georges Rocheau, numa missão de averiguação à Nigéria. O livro prossegue dizendo que, após a visita, o horrorizado padre católico romano falou ao jornal francês Le Monde e descreveu o que vivenciou no local:

> "Houve genocídio, por exemplo, durante o massacre de 1966... Duas zonas sofreram muito [com os combates]. Em primeiro lugar, a região entre as cidades de Benim e Asaba, onde só há viúvas e órfãos, porque as tropas federais massacraram todos os homens por razões desconhecidas."

[75]Olusengun registou que, trinta e cinco anos mais tarde, o General Gowon quebrou o seu silêncio sobre o assunto e pediu desculpa ao povo de Asaba East pela atrocidade:

> "Foi um choque para mim quando soube dos infelizes acontecimentos que se abateram sobre os filhos e filhas do domínio {Asaba}. Fiquei muito sensibilizado e, honestamente, chamei a atenção para o assassínio e pedi perdão, uma vez que era eu o responsável na altura. Certamente, não é algo que eu teria tolerado de forma alguma, mas fui mantido na ignorância, acho que até aparecer nos jornais".

[76]De acordo com Austin Ogwuda, que relatou que o Major-General Ibrahim Haruna estava tão beligerante e implacável como sempre quando testemunhou perante o painel Oputa, proclamou:

> "Como comandante e líder das tropas que massacraram 500 homens em Asaba. Não pedi desculpa por esses massacres em Asaba, Owerri e Ameke-Item, actuei como um soldado que defendia a paz e a unidade da Nigéria... se o General Yakubu Gowon pediu desculpa, fê-lo na sua própria capacidade. Quanto a mim, não tenho de pedir desculpa".

Neste contexto, a perspetiva e o modus operandi inadequados e defeituosos com que a comunidade internacional encarou o conflito foram um dos factores que conduziram à eclosão de outros crimes horríveis e evitáveis contra a humanidade que tiveram lugar no Burundi, no Ruanda, na Etiópia, na Somália, no Sudão e noutros países africanos no período pós-Biafra.

* O massacre de Calabar

Outro crime infame cometido durante a Guerra Civil da Nigéria foi o Massacre de Calabar de 1968, em que as forças armadas nigerianas invadiram Calabar no início de 1968 sem grande resistência ou investimento. As forças nigerianas decidiram limpar a

---

[73] Anthony Clayton "Frontiers Men: Warfare in Africa, Since 1950" Londres: Routledge, (2004) p.94

[74] Achebe, Chinua, Op. Cit., p. 28

[75] Olusegun, Op. Cit., p. 32

[76] Austin Ogwuda, "Gowon objects to setting up of Oputa committee", Vagurad, 9 de dezembro de 2002.

cidade dos seus habitantes, fazendo lembrar a política nazi de extermínio dos judeus em toda a Europa apenas vinte anos antes. [76] [77] [78] [79]Quando os nigerianos terminaram, pelo menos de acordo com Achebe, tinham fuzilado mil, talvez duas mil pessoas, a maioria civis. [79] Houve outras atrocidades na região. Em "Oji River", o Times de Londres noticiou, a 2 de agosto de 1968, que "as forças nigerianas abriram fogo e assassinaram catorze enfermeiras e os doentes nas enfermarias". EmEm Uyo e Okigwe, mais pessoas inocentes foram mortas pela brutalidade e pela sede de sangue dos soldados nigerianos. [80] [81]Segundo Austin Ogwuda, em 1968, os nigerianos decidiram lançar uma grande ofensiva estratégica e tática para isolar o Biafra da costa marítima. Os mais de quarenta mil soldados da Terceira Divisão, liderados pelo Coronel Benjamin Adekunle, lançaram um assalto anfíbio à cidade de Port Harcourt, no Delta do Níger, tanto por terra como pelo ar. Depois de várias semanas de ataques contínuos por ar, terra e mar, alegadamente caracterizados por atrocidades militares, violações, pilhagens e banditismo puro e simples, a Terceira Divisão marchou lentamente para norte. A Terceira Divisão marchou lentamente para norte, atravessou o rio Imo e chegou à cidade mercantil de Aba. Depois de sofrer pesadas perdas pelo caminho, Adekunle e os seus homens abriram caminho a tiro através da feroz resistência biafrense, capturando Aba em agosto e Owerri em setembro. [82]Segundo uma agência noticiosa francesa, a ofensiva de Aba foi particularmente cruel, se é que assim se pode dizer:"Durante a invasão de Aba, os soldados nigerianos massacraram mais de 2000 civis. Jovens Igbos, com olhos terríveis e lábios trémulos, contaram aos jornalistas em Aba que as tropas nigerianas entraram pelas traseiras nas aldeias, disparando e atirando para todo o lado, disparando sobre quem fugia, disparando para dentro das casas. [83]O livro de Achebe relata que os apresentadores de notícias na América ficaram fascinados com a história de um jovem estudante universitário, Bruce Mayrock, que se incendiou para protestar contra a morte de "bebés inocentes do Biafra". Infelizmente, Bruce morreu mais tarde no hospital devido aos seus ferimentos. Segundo consta, Bruce Mayrock queria atrair a atenção dos meios de comunicação social e dos delegados ao Congresso das Nações Unidas.Funcionário das Nações Unidas e do Governo dos Estados Unidos sobre o que considerou ser um genocídio no Biafra.Para além dos massacres de Asaba e Calabar, as investigações revelaram que outros crimes, como violações, torturas, crimes contra a humanidade, genocídio e crimes de guerra, foram cometidos durante a guerra. Achebe lamenta os assassinatos políticos de nigerianos (especialmente o massacre e o pogrom perpetrados contra os Igbo residentes no Norte da Nigéria em 29 de maio e 29 de junho de 1966: o massacre sangrento em Asaba, Calabar e Nsuka durante a guerra, a fome do povo do Leste durante a guerra e a expropriação dos Igbo das suas propriedades em Port Harcourt, Lagos e outras grandes cidades; são os gritos de um homem psicologicamente ferido. Ao descrever estas cenas, Achebe cria um cenário imaginário dos horrores traumáticos da

---

[77] O Rev. David T. Craig, escrevendo no Presbyterian Record (Escócia) de dezembro, revelou mais genocídios nigerianos sob o título "Operação Calabar" (1967)

[78] Achebe, Op. Cit., p. 21

[79] The violation of the human and civil rights of the Ndi Igbo: A demand for redress and adequate compensation", publicado no London Times em 2 de agosto de 1968

[80] The London Times de 2 de agosto de 1968

[81] Austi, Op. Cit., p. 34

[82] Agência Francesa de Imprensa (1968) em http://www.newsagencies.info/france.htm recuperado em 16/8/2015

[83] Achebe, op. cit. em 21 p. 34

guerra. Esta abordagem permite ao leitor compreender os temas do livro, que apela aos sentidos do leitor para que tenha o cuidado de evitar um terrorismo tão macabro, independentemente do local onde ocorra. [84]Para o efeito, Achebe ergue a voz para "um diálogo que, apesar de todos os esforços, acaba muitas vezes em mal-entendidos - um diálogo extremamente frustrante", chamado A Questão Nacional.[85] Segundo os críticos, as memórias de Achebe foram interpretadas fora deste contexto devido a preconceitos étnicos profundamente enraizados. Ao avaliar as opiniões expressas por alguns críticos do livro There Was a Country, há indicações de que a controvérsia gerada por Achebe é um debate interminável que não é intencional. Mas há uma direção.

<h2 style="text-align:center">REPRESENTAÇÃO PICTÓRICA DOS
CRIMES COMETIDOS DURANTE A GUERRA CIVIL NIGERIANA</h2>

As imagens que se seguem mostram alguns dos crimes seleccionados cometidos durante a guerra e não são de modo algum exaustivas.

Figura 1: Representação de crianças mortas pela arma da fome

[th]Fonte: http//: *www.saharareporters.com* recuperado em 18 de maio de 2015

---

[84] Ojukwu, Odumegwu, Biafra: Selected Speeches and Random Thoughts; Volume 1, Biafra Lodge, Harper

Fonte: http//: *www.kwenu.com* recuperado em 2 de maio de 2015

Fonte: http//: www.nairalandforum.com recuperado em 18.

Figura 4: Veículo das forças armadas nigerianas alvejado e incendiado por soldados do Biafra e soldados do Biafra feridos

Fonte: http//: www.nairalandforum.com acedido em 18 de maio de 2015

Fonte: http//: www.nairalandforum.com acedido em 18 de maio de 2015

Figura 6: Representação dos mercenários belgas (biafricanos) mortos em Onitsha e de três crianças biafricanas mortas

Fonte: http//: www.nairalandforum.com acedido em 18 de maio de 2015

Fonte: http//: www.nairalandforum.com acedido em 18 de maio de 2015

**2.5.0: Cumprimento, pela Nigéria, das
normas do direito internacional humanitário
durante a guerra civil do país**

[86]C. Osim Ndifon no seu artigo intitulado "From the Geneva Conventions 1949 to the Geneva Conventions Act 2004: Issues and Challenges on the Application of the International Humanitarian Law Treaty in Nigeria", reconhecendo a importância das regras de Genebra, o governo nigeriano foi além da mera retórica em relação às regras do direito humanitário. Por exemplo, durante a guerra civil nigeriana de 196770 , o Governo nigeriano tomou conta dos refugiados do Biafra, criando campos para eles e fornecendo-lhes os cuidados médicos e os alimentos de que necessitavam. Os objectos não militares, como as casas, não foram destruídos pelas tropas federais. Estas características da guerra eram humanas e estavam de acordo com o espírito e o objetivo do direito humanitário internacional. Em novembro de 1968, foi também noticiado que as autoridades nigerianas julgaram um oficial nigeriano por ter disparado sobre um prisioneiro biafricano e o executaram perante as câmaras de televisão britânicas. [87][88]No processo Pius **NWOGA v. The State** ( ), o arguido conduziu alguns oficiais do exército à casa do falecido durante a guerra civil com o único objetivo de o matar. O tribunal considerou que o assassínio intencional e deliberado de uma pessoa desarmada que vivia pacificamente no território federal da Nigéria constitui um "crime contra a humanidade" e, mesmo que cometido durante uma guerra civil, é uma infração à lei nigeriana e merece ser punido. O arguido foi condenado à morte.

[89]Na sua análise da guerra civil nigeriana de 1967 a 1968, o autor argumenta que o Governo Federal da Nigéria, através do então Comandante-em-Chefe das Forças Armadas, Major-General Yakubu Gowon, emitiu um Código de Conduta para as tropas federais, com o objetivo de conduzir a guerra civil. O código, que era obrigatório tanto para os homens como para os oficiais das forças armadas, tinha como objetivo garantir que a guerra civil fosse conduzida em conformidade com o mesmo. No entanto, o Código especificava a punição a aplicar a um soldado que o violasse. Foi estipulado que o Código deve ser lido em conjunto com as Convenções de Genebra. O Código continha 12 regras, incluindo as seguintes.

a) As mulheres grávidas não devem ser maltratadas ou mortas em circunstância alguma.

b) As crianças não devem ser molestadas ou mortas. Devem ser protegidas e cuidadas.

c) Os jovens e as crianças em idade escolar não devem ser atacados, exceto se forem abertamente hostis às forças armadas do Governo Federal. Devem beneficiar de toda a proteção e cuidado.

d) O pessoal hospitalar e os doentes não devem ser assediados ou manipulados.

e) Os soldados que se rendem não devem ser mortos. Devem ser desarmados e

---

[86] C. Osim Ndifon "AMNESTY AND THE OBLIGATIO ERGA OMNES TO REPRESS HUMANITARIAN LAW VIOLATIONS: LESSONS FROM THE SIERRA LEONE CONFLICT" European Journal of Scientific Research ISSN 1450-216X Vol.76 No.4 (2012), pp.692-721 © EuroJournals Publishing, Inc. 2012 in http://www.europeanjournalofscientificresearch.com retrieved on 18 May 2015

[87] Peter Malanczuk's Akehurst's Modern Introduction to International Law, 7ª edição (Routledge, 1997) 353

[88] (1972) ALL NLR (Pt 1)149

[89] C. Osim Ndifon, op. cit., p. 34

tratados como prisioneiros de guerra. Têm direito a um tratamento humano e ao respeito pela sua pessoa e honra em todas as circunstâncias.

f) Nenhum bem, edifício, etc. pode ser destruído de forma maliciosa. g) As igrejas e mesquitas não podem ser profanadas.

h) Não há qualquer tipo de pilhagem.

i) As mulheres são protegidas contra quaisquer ataques à sua pessoa, especialmente contra a violação e qualquer forma de atentado ao pudor.

j) Os civis do sexo masculino que são hostis às forças armadas devem ser tratados com dureza, mas com justiça. Devem ser tratados com humanidade.

k) Todos os feridos militares e civis recebem os cuidados médicos e o apoio necessários. Devem ser respeitados e protegidos em todas as circunstâncias.

l) Os estrangeiros com negócios legítimos não são perseguidos, mas os mercenários não são poupados; são os piores inimigos.

É de salientar que a obrigação que o Governo Federal impôs a si próprio através do Código de Operações é de um nível mais elevado do que o exigido pelo direito internacional humanitário (DIH) para os conflitos armados não internacionais. [90][91]Tendo em conta o facto de se tratar de um conflito armado não internacional e de o Governo federal ter aberto as suas portas para permitir que observadores militares internacionais observassem a guerra, ficou demonstrado o empenhamento global do Governo federal em honrar as suas obrigações ao abrigo do DIH. Por esta razão, foi dito que "na única ocasião importante em que a vontade do Governo nigeriano de aplicar o direito internacional humanitário foi posta à prova, este saiu com um êxito considerável".[92]

No entanto, há outros que consideram as acções do governo nigeriano na guerra civil como uma bênção mista. Embora o comportamento do Governo Federal da Nigéria pareça ser louvável, o valor de precedente desta prova é diluído pela alegação do governo de que não abandonou voluntariamente a norma da Convenção. Alguns afirmaram mesmo que, em nenhum momento durante o conflito, o governo federal reconheceu explicitamente a aplicabilidade do artigo 3º. Além disso, nem sempre o cumpriu. Pelo menos duas vezes, hospitais do Comité Internacional da Cruz Vermelha (CICV) foram bombardeados pela força aérea nigeriana, uma outra vez um avião do CICV foi abatido e várias cidades do Biafra foram sujeitas a bombardeamentos prolongados e aparentemente indiscriminados antes da sua ocupação. No entanto, é impossível determinar se estes actos reflectem a ambivalência do governo quanto à utilidade relativa das leis da guerra ou a falta de um controlo governamental consistentemente eficaz sobre as operações tácticas, uma vez que foram cometidos numa base individual, sendo portanto impossível atribuir estes incidentes a uma política governamental deliberada. O mesmo se aplica à política

---

[90] I.E. Sagay, "Evaluation/Assessment of the Level of Implementation of International Humanitarian Law in Nigeria" In ICRC (Ed.) Implementation of International Humanitarian Law in Nigeria (ICRC ,1997) 51-52, onde é expressa uma opinião semelhante.

[91] Contrariamente a este ponto de vista, Tom Farer argumentou que "a aparente adesão às normas estabelecidas na Convenção IV de Haia de 1907, que pelos seus termos se aplicam apenas a guerras interestatais, torna credível que o governo federal estivesse convencido de que se tratava de uma guerra ou de carácter internacional." Tom Farer, "Humanitarian Law and Armed Conflict: Toward the Definition of International Armed Conflict," (!971) LXXI Columbia Law Review36- 72 at 60,

[92] Itse Sagay (ver nota de rodapé 94)

de bloqueio económico do enclave do Biafra. Esta questão, que foi vista por muitos como uma política deliberada do Governo Federal da Nigéria para enfraquecer os seus opositores e pôr rapidamente termo às hostilidades, levantou a questão de saber se esse comportamento não seria incompatível com o princípio da humanidade e, por conseguinte, um meio de guerra ilegítimo. Isto era tanto mais verdade quanto não existia qualquer proibição explícita nos estatutos do direito humanitário internacional então aplicáveis.

2.6.0: Os acusadores de guerra

Vários indivíduos desempenharam papéis fundamentais durante a Guerra Nigéria-Biafra. No entanto, os actores principais em 1967, de acordo com o debate mais controverso suscitado por "There Was a Country" de Achebe[93] , eram ambos soldados formados em Sandhurst - Odumegwu Ojukwu, de trinta e três anos, e Yakubu Gowon, de trinta e dois. Um deles provinha de um meio muito privilegiado e o outro era o queridinho do establishment britânico. [93] [94][95]De acordo com Odumegwu Ojukwu no seu livro intitulado "Emeka", que sobre o Biafra, para além do General Odumegwu Ojukwu, Major-General Philip Effiong, Chefe do Estado-Maior; General-de-Brigada Tony Eze, General-de-Brigada Pat Amadi, Coronel Joe ("Air Raid") Achuzie, Coronel Nsudo, Coronel Iheanacho, Coronel Archibong, General-de-Brigada Patrick Amadi, Exército do Biafra, Coronel Patrick Anwunah, Chefe da Logística e Oficial Principal do Estado-Maior de Ojukwu Coronel David Ogunewe, Conselheiro Militar de Ojukwu, Patrick Okeke, Inspetor-Geral da Polícia do Biafra, Sir Louis Mbafeno, Presidente do Supremo Tribunal do Biafra e o jovem e talentoso Matthew Mbu, Ministro dos Negócios Estrangeiros do Biafra.

Do lado nigeriano, encontravam-se o General Yakubu Gowon, o então Chefe de Estado nigeriano, Obafemi Awolowo, Vice-Presidente do Conselho Militar Supremo, o Brigadeiro Emmanuel Ekpo, Chefe do Estado-Maior do Quartel-General Supremo, Brigadier Murtala Ramat Mohammed, Brigadier Mobalaji Johnson, Lt Col Shehu, Musa Ya'Adua, Brigadier Hassan Katsina, Chief of Staff of the Nigerian Army, Brigadier Emmanuel Ikwue, Chief of Air Staff, Admiral Joseph Wey, Chief of Naval Staff, Dr Taslim Elias, Procurador-Geral, S.E. A. Ejueyitchie, Secretário do Governo Militar Federal, Anthony Enahoro, Comissão de Informação, Olusegun Obasanjo, Coronel Banjamin, Theophilus Y. Danjuma e os doze governadores de estado.[96]

No entanto, Ojukwu e Gowon, os dois principais protagonistas da guerra civil nigeriana, só se encontraram cara a cara uma vez, e esse encontro teve lugar antes da guerra. Nunca deram um ao outro a oportunidade de se sentarem e discutirem os seus pontos de vista sobre a guerra, mas mesmo que essa conversa tivesse tido lugar, provavelmente não teria tido um resultado positivo. Pelo menos uma coisa se torna clara quando os seus respectivos pontos de vista são justapostos e analisados. Tanto Gowon como Ojukwu viam a sua própria posição como não negociável.[97]

---

[93] Achebe, op. cit., p. 30

[94] Ishola, O., 'If there were a country - let them have it'. www.saharareporters.com , recuperado em 22 de março de 2016.
Nov. 2015

[95]Ojukwu, Odumegwu (1969), Biafra: Selected Speeches and Random Thoughts; Volume 1. Biafra Lodge, Harper and Row

[96] Luckham "The Nigerian Military" Schabowska e Himmelstrand (1974)

[97] Smith "Stopping Wars", Schabowska e Himmelstrand UK (1987) pp. 131-32

CAPÍTULO 3: APLICAÇÃO DA DIRECTIVA INTERNACIONAL
DIREITO HUMANITÁRIO DAS NAÇÕES UNIDAS
3.0.0: INTRODUÇÃO

O direito internacional humanitário é uma parte importante do direito internacional e compreende as regras que, em tempo de conflito armado, visam proteger as pessoas que não participam ou já não participam nas hostilidades e limitar os métodos e meios de guerra.[98] Por outras palavras, os objectivos são: Proteger as pessoas que não tomam ou já não tomam parte direta nas hostilidades - feridos, náufragos, prisioneiros de guerra e civis; limitar o impacto da violência em combate na realização dos objectivos do conflito. O direito internacional humanitário tem uma história curta mas cheia de acontecimentos.[99] Só na segunda metade do século XIX é que as nações chegaram a acordo sobre regras internacionais para evitar sofrimento desnecessário nas guerras - regras que se comprometeram a defender numa convenção. Desde então, a natureza mutável dos conflitos armados e o potencial destrutivo das armas modernas têm exigido muitas revisões e expansões do direito humanitário através de longas e pacientes negociações.

Em princípio, a responsabilidade principal pela aplicação das regras e dos princípios do direito internacional humanitário cabe aos Estados, tal como se afirma no artigo 1º das quatro Convenções de Genebra, que diz o seguinte[100]

> "As Altas Partes Contratantes comprometem-se a
> respeitar e a fazer respeitar a presente Convenção em
> todas as circunstâncias."

[101] A mesma disposição pode ser encontrada no artigo 1º do Protocolo Adicional nº 1. É verdade, porém, que as Nações Unidas não são parte nas quatro Convenções de Genebra, mas na

[102]**REPÚBLICA DA NICARÁGUA / ESTADOS UNIDOS DA AMÉRICA**, o TIJ considerou que esta disposição codifica o direito internacional consuetudinário. O TIJ esclareceu ainda que o artigo 1º comum estabelece como "princípios gerais" uma obrigação que se aplica não só aos Estados mas também a outras organizações internacionais, incluindo a ONU.[103]

3.1.0: Uma breve história das Nações Unidas

A ONU foi fundada após o fim da Segunda Guerra Mundial, em 1945. A sua missão é manter a paz mundial, desenvolver boas relações entre os países, promover a cooperação na resolução dos problemas mundiais e incentivar o respeito pelos direitos humanos.[104] A ONU é o resultado de uma longa história de esforços para promover a cooperação internacional. No final do século XVIII, o filósofo alemão Immanuel Kant propôs uma federação ou "liga" das nações do mundo. Kant acreditava que uma federação

---

[98] o relatório do CICV à 28ª Conferência Internacional da Cruz Vermelha e do Crescente Vermelho, intitulado "O Direito Internacional Humanitário e os Desafios dos Conflitos Armados Contemporâneos", nomeadamente o Anexo III do referido relatório.

[99] Oppenheims Völkerrecht, von Lauterpacht, vol. 1; Frieden, 8ª ed., (1974) p. 10.

[100] (1986) IGH 1

[101] Artigo 1º do Protocolo Adicional I às Convenções de Genebra de 12 de agosto de 1949.

[102] (1986) I.C.J 14, para. 220 27 de junho

[103] Tadic, supra também Laurence Boisson de Chazournes & Luigi Condorelli (2000) 'Common Article 1 of the Geneva Conventions Revisited: Protecting Collective Interest, 82 INT'L REV. CRUZ VERMELHA 67, 70

[104] Microsoft Encarta (2009) © 1993-2008 Microsoft Corporation. Todos os direitos reservados.

deste tipo permitiria aos países unirem-se e punirem qualquer nação que cometesse um ato de agressão. Este tipo de associação de nações para proteção mútua contra um agressor é por vezes designado por segurança colectiva. Kant também acreditava que uma federação protegeria os direitos das pequenas nações, que muitas vezes se tornam peões nas lutas pelo poder entre países maiores.

A ideia de Kant ganhou vida após a Primeira Guerra Mundial (1914-1918). Horrorizados com as consequências devastadoras da guerra, os países foram inspirados a unir-se e a trabalhar para a paz.[105] Fundaram uma nova organização, a Sociedade das Nações, para atingir este objetivo. A Liga das Nações existiu de 1920 a 1946 e teve um total de 63 países membros ao longo da sua história, incluindo alguns dos

as principais potências mundiais: França, Reino Unido, Itália, Japão, Alemanha e União das Repúblicas Socialistas Soviéticas (URSS). No entanto, a Liga das Nações tinha dois grandes pontos fracos. Em primeiro lugar, vários dos países mais poderosos do mundo não eram membros, nomeadamente os Estados Unidos. Em segundo lugar, a Sociedade das Nações precisava de um consenso entre os seus membros para se opor à agressão. A rejeição de um único membro poderia impedir o consenso e tornar a Liga das Nações incapaz de atuar. Quando o Japão, a Itália e a Alemanha empreenderam uma agressão militar na década de 1930, não quiseram censurar-se, impedindo assim o consenso necessário para a intervenção da Liga. Esta agressão acabou por conduzir à Segunda Guerra Mundial (1939-1945).[106] Em última análise, a Sociedade das Nações falhou na sua tarefa fundamental de evitar uma nova guerra mundial.

Apesar deste fracasso, a ideia de uma liga não foi abandonada. A primeira promessa de fundar uma nova organização surgiu em 1941, quando o Presidente dos EUA, Franklin D. Roosevelt, e o Primeiro-Ministro britânico, Winston Churchill, anunciaram a Carta do Atlântico. Roosevelt e o Primeiro-Ministro britânico Winston Churchill proclamaram a Carta do Atlântico, na qual se comprometiam a trabalhar no sentido de um sistema mais eficaz para manter a paz mundial e promover a cooperação. Em 1942, os representantes dos Aliados - uma coligação de 26 nações que lutaram contra a Alemanha e o Japão na Segunda Guerra Mundial - assinaram uma Declaração das Nações Unidas que aceitava os princípios da Carta do Atlântico. Nesta declaração, o termo Nações Unidas, cunhado pelo Presidente Roosevelt, foi utilizado oficialmente pela primeira vez.[107] Um ano mais tarde, quatro dos Aliados - os Estados Unidos, o Reino Unido, a União Soviética e a China - concordaram em criar uma organização internacional de carácter geral. Os quatro países reuniram-se em 1944 na propriedade de Dumbarton Oaks, em Washington, D.C., e redigiram uma carta para a nova organização. Chamaram à nova liga as Nações Unidas. No entanto, continuaram a não chegar a acordo sobre alguns pormenores, como os direitos de adesão e de voto.[108]

No início de 1945, os quatro países voltaram a reunir-se para uma cimeira em Ialta (Ucrânia).[109] Aí resolveram as suas divergências e convocaram uma conferência das nações para finalizar os seus trabalhos. Em 25 de abril de 1945, a Conferência das Nações

---

[105] Osmanczyk, Edmund Jan. Encyclopedia of the United Nations and International Agreements: T to Z. Taylor & Francis. (2004) p. 2445.

[106] Fomerand, Jacques. The A to Z of the United Nations [De A a Z das Nações Unidas]. Lanham, MD: Scarecrow Press. (2009) ISBN.

Série de livros do Projeto de História Intelectual das Nações Unidas. (1946) Indiana University Press, p. 34

ibid.

[109] ver Conferência de Ialta

Unidas sobre Organização Internacional reuniu-se em São Francisco, com a participação de delegados de 50 países. Os delegados trabalharam durante dois meses numa Carta das Nações Unidas, que continha o seu objetivo, princípios e estrutura organizativa. A Carta continha um acordo formal pelo qual todas as nações do mundo se comprometiam a adotar um conjunto comum de regras básicas para as suas relações. A ONU foi oficialmente fundada em 24 de outubro de 1945 com 51 países membros - os 50 países representados na conferência e a Polónia, que não pôde enviar um delegado.[110]

Tal como a Liga das Nações, a ONU foi fundada com o objetivo de promover a paz e evitar uma nova guerra mundial. A ONU reconheceu que não seria bem sucedida sem o apoio sustentado dos países mais poderosos do mundo. A organização adoptou várias medidas para garantir esse apoio. Para encorajar a continuação do envolvimento dos Estados Unidos, a ONU mudou a sua sede para a cidade de Nova Iorque.[111] Para garantir aos países mais poderosos do mundo que não ameaçaria a sua soberania, a ONU concedeu-lhes poder de veto sobre as suas acções mais importantes. Este veto foi atribuído a cinco países: os Estados Unidos, o Reino Unido, a França, a União Soviética e a China. A Rússia herdou o direito de veto da União Soviética após a sua dissolução em 1991.

Outra grande força da ONU, em contraste com a antiga Liga das Nações, é que praticamente todos os territórios do mundo são membros, províncias ou colónias de um membro. Algumas entidades políticas que não são membros, como a Cidade do Vaticano e a Organização para a Libertação da Palestina (OLP), têm também o estatuto de missão de observação permanente junto da ONU.[112]

3.2.0: O Conselho de Segurança

A Carta das Nações Unidas não contém qualquer referência explícita ao direito internacional humanitário, embora o respeito pelos direitos humanos seja mencionado no nº 3 do artigo 1º como um dos objectivos das Nações Unidas; as leis e os costumes da guerra não são mencionados nem no artigo 1º nem no artigo 2º. [113]Esta omissão foi intencional, uma vez que os redactores consideraram qualquer referência ao jus in bello como um reconhecimento implícito do facto de que os conflitos armados não podem ser evitados, apesar do nº 4 do artigo 2º e dos mecanismos de segurança colectiva previstos na Carta. No entanto, desde a década de 1960, os direitos humanos têm sido interpretados de forma ampla nas Nações Unidas: [114]O conceito de direitos humanos nos conflitos armados, que inclui o direito internacional humanitário, foi introduzido na Conferência Internacional das Nações Unidas sobre Direitos Humanos, realizada em Teerão em 1968, e posteriormente reafirmado em várias resoluções da Assembleia Geral, a começar pela

---

[110] Lowe, Vaughan; Roberts, Adam; Welsh, Jennifer et al, eds (6 de junho de 2010). The United Nations Security Council and War: The Evolution of Thought and Practice since 1945 [O Conselho de Segurança das Nações Unidas e a Guerra: A Evolução do Pensamento e da Prática desde 1945]. Oxford University Press. ASIN 0199583307. ISBN 978-0199583300.

[111] Documentação do Guia de Pesquisa das Nações Unidas

[112] Schlesinger, Stephen C. Act of Creation: The Founding of the United Nations: A History of Superpowers, Secret Agents, Wartime Allies and Enemies, and Their Quest for a Peaceful World [Ato de Criação: A Fundação das Nações Unidas: Uma História de Superpotências, Agentes Secretos, Aliados e Inimigos em Tempo de Guerra, e a sua Procura de um Mundo Pacífico]. Westview Press. (2003). ISBN 978-0813333243.

[113] Relatório da Comissão de Direito Internacional à Assembleia Geral (1949) 1 YB. INT'L Comm'n 281, Doc. ONU A/CN 413

[114] ibid.

Resolução 2444 (XXII) de 19 de dezembro de 1968. A Resolução 9/9 (2008) do Conselho dos Direitos do Homem das Nações Unidas afirma claramente que "uma conduta que viole o direito internacional humanitário ... pode também constituir uma violação grave dos direitos humanos".[115]

No entanto, o facto de a promoção e o apoio ao cumprimento do direito internacional humanitário poderem agora ser considerados um dos objectivos das Nações Unidas não significa necessariamente que o Conselho de Segurança esteja autorizado a agir para atingir esse objetivo. De facto, a principal responsabilidade do Conselho de Segurança, nos termos da Carta, é manter a paz e a segurança internacionais (nº 1 do artigo 24º) e não assegurar que as hostilidades sejam conduzidas em conformidade com o direito internacional. Assim, a Carta faz do Conselho o árbitro de quando a força armada pode ser usada, mas não diz nada sobre como essa força pode ser usada:[116] Como observou o juiz Fitzmaurice, "o Conselho de Segurança foi criado para manter a paz, não para mudar a ordem mundial". [117] O problema com a utilização dos poderes de execução ao abrigo do Capítulo VII para fazer cumprir o direito internacional humanitário é, em particular, que estes poderes só podem, como é sabido, ser invocados pelo Conselho em caso de "ameaça à paz, rutura da paz ou ato de agressão" ao abrigo do artigo 39º da Carta, uma vez que o seu objetivo é preservar a paz e não fazer cumprir a lei.[118] No entanto, é perfeitamente possível que estes dois objectivos se sobreponham ocasionalmente. A questão é saber se uma violação do direito internacional humanitário pode ser considerada uma "ameaça à paz" pelo Conselho de Segurança.[119]

[120]Embora os autores do projeto considerassem que este conceito estava ligado ao uso internacional da força armada, o seu âmbito foi gradualmente alargado pelo Conselho.[121] Koskenniemi sublinhou a vontade do Conselho de Segurança de "utilizar os seus poderes extraordinariamente 'duros' de imposição, resoluções vinculativas, sanções económicas e força militar para fins 'suaves' de justiça internacional".[122] Afirma que "o conceito de 'paz' foi alargado da ausência (dura) do uso da força armada por um Estado para alterar o status quo territorial para as condições (suaves) das quais ... a paz no seu sentido 'duro' depende".[123] Assim, pode argumentar-se que,

Embora a principal tarefa do Conselho de Segurança seja, em princípio, a manutenção da paz e da segurança internacionais, o que não é necessariamente idêntico

---

[115] James D. Fry, The UN Security Council and the Law of Armed Conflict: Amity or Enmity?, 38 GEO. WASH. INT'L. REV. 327, (2006).

[116]

ibid.

[117] Consequências jurídicas da continuação da presença da África do Sul na Namíbia (Sudoeste Africano), não obstante a Resolução 276 (1970) do Conselho de Segurança para os Estados, Parecer Consultivo, 1971 ICJ 16, 294, para.

[118] Hans Kelsen, The Law of the United Nations, Oxford University Press (1950), p. 294.

[119] As outras duas situações que desencadeiam poderes ao abrigo do Capítulo VII, nomeadamente a violação da paz e os actos de agressão, estão relacionadas com a eclosão de um conflito armado entre Estados.

[120] Inger Osterdahl, (1998). Threats to Peace: The Security Council's Interpretation of Article 39 of the UN Charter p. 85

[121] É sabido que os autores da Carta deixaram deliberadamente o termo indefinido (Conferência das Nações Unidas sobre Organização Internacional, Documentos, Vol. XII, 1945, 505).

[122] Martti Koskenniemi, A Polícia no Templo. Ordem, justiça e a ONU: Uma Reflexão Dialética, EUR 6. J. INT'L L. (1995), P. 341

[123] REVUE (1993)). GENERALE DE DROIT INTERNATIONAL PUBLIC 297, 307, 309

à eliminação da injustiça internacional, na prática houve uma sobreposição considerável, uma vez que o Conselho classificou uma grande variedade de violações do direito internacional como ameaças à paz. A ligação entre a manutenção da paz e as considerações "humanitárias" foi sublinhada pela primeira vez em 1992 numa declaração do Presidente do Conselho de Segurança em nome dos seus membros:

> "A ausência de guerra e de conflitos militares entre Estados não garante, por si só, a paz e a segurança internacionais. As fontes não militares de instabilidade nas esferas económica, social, humanitária e ambiental tornaram-se uma ameaça à paz e à segurança. Os membros das Nações Unidas no seu conjunto devem dar prioridade à resolução destas questões através dos organismos adequados."[124]

As violações do direito internacional humanitário foram explicitamente consideradas uma ameaça à paz pelo Conselho de Segurança pela primeira vez na Resolução 808 (1993) relativa à Bósnia e Herzegovina.[125] No ano seguinte, na Resolução 955 (1994), as violações do direito internacional humanitário cometidas num conflito armado interno (Ruanda) foram classificadas como uma ameaça à paz e à segurança internacionais.[126] Na Resolução 1296 (2000) sobre a proteção dos civis em conflitos armados, as violações sistemáticas, flagrantes e generalizadas do direito internacional humanitário foram classificadas pela primeira vez como uma ameaça potencial para a paz, sem referência a um conflito específico.[127] As actas das reuniões do Conselho de Segurança mostram também que vários Estados reafirmaram a ligação entre a manutenção da paz e da segurança internacionais e o respeito pelo direito internacional humanitário.[128] Assim, para determinar a existência de uma amcaça à paz, é necessário ter em conta o grau da norma ou do valor violado, a gravidade da violação e os seus efeitos transfronteiriços.[129] Esta conclusão é confirmada pela prática do Conselho: As Resoluções 808 (1993), 955 (1994), 1296 (2000), 1674 (2006), 1738 (2006), 1894 (2009) e 1314 (2000) estabelecem que as violações do direito internacional humanitário que constituem uma ameaça à paz são "sistemáticas, generalizadas e manifestas".[130] Ver-se-á, no entanto, que este requisito de minimis do direito internacional consuetudinário parece ter pouco significado na prática.

A competência do Conselho de Segurança para assegurar o cumprimento do direito in bello pode também basear-se indiretamente noutra disposição da Carta. O artigo 94.º, n.º 2, confere ao Conselho de Segurança o poder adicional de fazer recomendações ou adotar medidas para dar cumprimento aos acórdãos do Tribunal Internacional de Justiça (TIJ), incluindo, naturalmente, os que possam estabelecer violações do direito internacional humanitário.[131] No entanto, o Conselho só poderia atuar a pedido do

---

Nota do Presidente do Conselho de Segurança, 3, U.N. Doc. S/23500 (31 de janeiro de 1992).

S.C. Res 808, 2, U.N. Doc. S/RES/808 (22 de fevereiro de 1993).

S.C. Res 955 em 1, U.N. Doc S/RES/955 (8 de novembro de 1994).

S.C. Res 1296, para. 5, U.N. Doc. S/RES/1296 (19 de abril de 2000). Ver também S.C. Res. 1674, para.

U.N. Doc. S/RES/1674 (28 de abril de 2006), S.C. Res. 1738, para. 9, U.N. Doc. S/RES/1738 (Dec.

Schachter, (1960) The Enforcement of International Judicial and Arbitral Decisions, 54 AM. J. INT'L. 1, 21

[130] Actividades armadas no território do Congo (República Democrática do Congo v. Uganda), Acórdão, 2005 I.C.J.

168, para. 345 (19 de dezembro de 2005).

[131] Actividades armadas no território do Congo (República Democrática do Congo v. Uganda), Acórdão, 2005 I.C.J.

requerente bem sucedido, mas não a pedido de outros membros da ONU. Além disso, o Conselho pode recusar-se a executar a sentença, uma vez que o n.º 2 do artigo 94.º apenas prevê a adoção de medidas "se o Conselho o considerar necessário".[132]

[133]Uma vez que o nº 2 do artigo 94º não especifica as "medidas" que o Conselho pode adotar para executar uma sentença do TIJ, pode presumir-se que estas incluem, mas não se limitam a, as medidas previstas nos Capítulos VI e VII.[134] Note-se, no entanto, que a adoção de medidas ao abrigo do artigo 41º com base no nº 2 do artigo 94º não está sujeita às condições estabelecidas no artigo 39º, ou seja, a constatação prévia de uma ameaça à paz, de uma rutura da paz ou de um ato de agressão. No que se refere às medidas que implicam o uso da força, foi alegado que o Conselho não pode recorrer a elas para executar uma decisão do TIJ se as condições enumeradas no artigo 39º não estiverem preenchidas, uma vez que as decisões do TIJ são meios pacíficos de resolução de litígios. Esta conclusão não pode ser aceite por várias razões. Em primeiro lugar, uma tal interpretação tornaria o nº 2 do artigo 94º em grande medida supérfluo. Em segundo lugar, a disposição em análise não distingue entre as diferentes medidas previstas no Capítulo VII. Por último, tanto as sanções como as medidas que implicam o uso da força têm a mesma justificação, uma vez que ambas são medidas contra um Estado.[135]

3.3.0:   O Tribunal Internacional de Justiça (TIJ)

O Tribunal Internacional de Justiça, também conhecido como Tribunal Mundial, é o principal órgão judicial da Organização das Nações Unidas (ONU). Foi criado em 1945, ao abrigo da Carta das Nações Unidas, como sucessor do Tribunal Permanente de Justiça Internacional da Liga das Nações. O Tribunal actua com base no seu próprio Estatuto, que faz parte da Carta das Nações Unidas. As funções do Tribunal consistem em julgar casos entre Estados e apresentar pareceres consultivos à ONU e aos seus órgãos sobre questões de direito internacional. Nem os particulares nem as organizações internacionais podem recorrer ao Tribunal. O Tribunal tem a sua sede em Haia (Países Baixos). [136] Todos os membros das Nações Unidas são automaticamente partes no Estatuto do Tribunal. Um Estado que não seja membro das Nações Unidas pode aderir ao Estatuto ou submeter um caso ao Tribunal se aceitar as condições estabelecidas pelas Nações Unidas e concordar em contribuir para os custos do Tribunal.

Os litígios podem ser levados a tribunal de duas formas. Em primeiro lugar, através de um acordo especial entre as partes, no qual estas aceitam submeter a questão ao tribunal. A segunda opção é um pedido unilateral de uma parte no litígio; pode ser o caso, por exemplo, se o requerente considerar que a sua contraparte é obrigada, ao abrigo de um determinado tratado, a reconhecer a competência do tribunal para o litígio. Alternativamente, os Estados que são partes no Estatuto podem declarar antecipadamente que reconhecem automaticamente a jurisdição do tribunal para certos ou todos os tipos de litígios. Esta declaração é designada por reconhecimento da competência obrigatória. Se as partes em litígio tiverem feito tais declarações e o litígio entre elas for abrangido

168, para. 345 (19 de dezembro de 2005).

[132] Carta das Nações Unidas, art. 94º, nº 2.

[133] Attila Tanzi, (1995). Problemas de execução das decisões do Tribunal Internacional de Justiça e do Tribunal de Justiça das Comunidades Europeias
Direito das Nações Unidas, 6 EUR. J. INT'L. 539, 561-63

[135]
   ibid.

[136] J. Bellinger, (2004) United Nations Security Council Resolutions and the Application of International Humanitarian Law, Human Rights and Refugee Law

pelo âmbito de aplicação das declarações, qualquer uma das partes pode submeter o litígio ao tribunal. Em 1985, o Presidente dos Estados Unidos, Ronald Reagan, retirou formalmente a declaração americana de longa data que aceitava a jurisdição obrigatória do Tribunal. No entanto, os Estados Unidos continuam a ser parte no Estatuto e continuam a participar nos processos instaurados ao abrigo de um acordo ou tratado especial de que sejam parte.

O Tribunal decide aplicando o direito internacional decorrente de tratados, de práticas generalizadas (costumes) aceites como lei e dos princípios jurídicos gerais dos principais sistemas jurídicos do mundo. Ao longo dos anos, os acórdãos do Tribunal contribuíram para a aplicação das regras do direito internacional humanitário em muitos casos. O Tribunal reconheceu que muitas regras do direito internacional humanitário constituem princípios intransmissíveis do direito internacional consuetudinário. De seguida, enumerou as regras convencionais do direito internacional humanitário que se tornaram indubitavelmente parte do direito internacional consuetudinário. Trata-se, nomeadamente, das disposições das Convenções de Genebra, da Convenção IV de Haia, da Convenção sobre o Genocídio de 1948 e da Carta do Tribunal Militar Internacional de 8 de agosto de 1945. Por último, o TIJ declarou que a ameaça ou a utilização de armas nucleares é geralmente contrária ao direito internacional aplicável aos conflitos armados.[137]

Durante o mesmo período, o TIJ reafirmou e concretizou alguns princípios do direito internacional humanitário no **processo REPÚBLICA DA NICARÁGUA contra ESTADOS UNIDOS DA AMÉRICA**. [138] Neste caso, o TIJ reafirmou o carácter fundamental do artigo 3º, comum às quatro Convenções de Genebra, que o Tribunal descreveu como o conjunto mínimo de normas internacionais aplicáveis a todos os conflitos armados, incluindo os conflitos armados internacionais.[139]

No mesmo processo, o TIJ também reafirmou as obrigações fundamentais decorrentes do artigo 1º, que é comum às quatro Convenções de Genebra. De acordo com este artigo, os Estados devem respeitar e fazer respeitar as Convenções de Genebra em todas as circunstâncias. De acordo com o Tribunal, estas obrigações derivam não só das próprias Convenções, mas também dos princípios gerais do direito humanitário, aos quais as Convenções apenas dão expressão específica. À luz destas obrigações, o Tribunal considerou que os Estados Unidos têm a obrigação de não encorajar as violações do artigo 3º das quatro Convenções de Genebra. O Tribunal também considerou que os Estados Unidos tinham violado esta obrigação. O Tribunal considerou ainda que a prestação de assistência puramente humanitária a pessoas ou forças de outro país, independentemente da sua filiação política ou do seu objetivo, não pode ser considerada uma intervenção ilegal ou contrária ao direito internacional. No entanto, o Tribunal não chegou ao ponto de reconhecer a existência de um direito de intervenção humanitária.[140]

No seu parecer consultivo sobre as consequências jurídicas da construção de um muro nos territórios palestinianos ocupados, o TIJ reafirmou que os Regulamentos de

---

[137] (1996) ICJ Rep. 226.

[138] Supra 102

[139] D. Schindler, (1979) The Different Types of Armed Conflicts According to the Geneva Conventions and Protocols (Os diferentes tipos de conflitos armados segundo as Convenções e Protocolos de Genebra)

[140] Henckaerts, (2005) A contribution to the understanding and respect for the rule of law in armed conflict, 857 International Review of the Red Cross 175, pp. 177-178.

Haia de 1907 fazem parte do direito internacional consuetudinário.[141] Reconheceu também que a Convenção IV de Genebra se aplica em qualquer caso de ocupação militar que envolva Partes Contratantes e declarou que, segundo o direito internacional consuetudinário, um território é considerado ocupado quando está efetivamente sob a autoridade do exército inimigo e que a ocupação se estende apenas ao território em que essa autoridade foi estabelecida e pode ser exercida. Segundo o Tribunal, a Convenção IV de Genebra aplica-se aos territórios palestinianos ocupados por Israel desde 1967. O Tribunal concluiu igualmente que os colonatos israelitas nos territórios palestinianos ocupados (incluindo Jerusalém Oriental) foram estabelecidos em violação do direito internacional. Além disso, o Tribunal fez uma série de constatações sobre a lei da ocupação militar aplicável aos Territórios Palestinianos Ocupados. Consequentemente, considerou que a construção do muro violava tanto os direitos humanos como o direito internacional humanitário. Por conseguinte, o Tribunal salientou que Israel é responsável nos termos do direito internacional. De seguida, descreveu as consequências práticas das suas conclusões. Algumas dessas consequências dizem respeito a outros Estados. Neste contexto, o Tribunal sublinhou que algumas das obrigações violadas por Israel são obrigações erga omnes, tais como a obrigação de respeitar o direito à autodeterminação do povo palestiniano e certas obrigações decorrentes do direito humanitário internacional. O Tribunal recordou igualmente às partes que a maior parte das regras do direito internacional humanitário fazem parte do direito internacional consuetudinário e que o artigo 1.º, que é comum às quatro Convenções de Genebra, exige que os Estados respeitem e façam respeitar as Convenções. Por conseguinte, o Tribunal considerou que todos os Estados são obrigados a não reconhecer a situação ilegal criada pela construção do muro.

[142]No processo entre o Congo e o Uganda ( ), o TIJ abordou uma vez mais as regras que regem a ocupação militar. O Tribunal considerou que o Uganda tinha ocupado parte da República Democrática do Congo (RDC). Como tal, o Uganda era obrigado a tomar todas as medidas possíveis para restabelecer e garantir a ordem e a segurança públicas no território ocupado, respeitando simultaneamente as leis em vigor na RDC. A este respeito, o Tribunal considerou que o Uganda tinha violado os direitos humanos e o direito internacional humanitário. Consequentemente, o Tribunal concluiu que o Uganda é internacionalmente responsável por estas violações, incluindo o incumprimento das suas obrigações enquanto potência ocupante.

É igualmente de referir que, no recente processo entre o Congo e o Ruanda, o Tribunal Mundial reconheceu que a proibição do genocídio é uma norma de jus cogens.

3.4.0:   O secretariado

O Secretariado é o braço executivo da ONU. Supervisiona a administração dos programas e das políticas das Nações Unidas e assegura a gestão dos assuntos correntes. É dirigido pelo Secretário-Geral, que actua como porta-voz da ONU.

O desenvolvimento mais notável neste domínio foi o boletim intitulado "Observância do direito internacional humanitário pelas forças das Nações Unidas",

---

[141](1951) Convenção das Nações Unidas para a Prevenção e Repressão do Crime de Genocídio,

[142]Actividades Armadas no Território do Congo (República Democrática do Congo v. Uganda), Acórdão, (2005) ICJ Rep. X.

emitido pelo Secretário-Geral da ONU em 6 de agosto de 1999. Tal como a primeira secção do boletim indica, este estabelece os "princípios e regras básicos do direito internacional humanitário" que "se aplicam às forças das Nações Unidas quando estas estão ativamente envolvidas como combatentes num conflito armado, na medida e durante a duração do seu envolvimento".[143] Os princípios estão divididos em cinco categorias: Proteção de civis; Meios e métodos de combate; Tratamento de civis e pessoas fora de combate; Tratamento de prisioneiros; e Proteção de feridos, doentes, pessoal médico e de apoio.[144]

Do ponto de vista jurídico, este boletim é um regulamento administrativo emitido pelo Secretário-Geral na sua qualidade de Chefe de Operações e Gestão Estratégica da ONU.[145] O boletim é vinculativo para as forças armadas das Nações Unidas, uma vez que o Secretário-Geral está autorizado a emitir regulamentos administrativos para todo o pessoal da organização.69 Uma vez que os membros destas forças armadas são colocados à disposição das Nações Unidas pelo seu Estado de origem, são de facto agentes da organização.[146]

O principal objetivo do Boletim é clarificar o significado exato da obrigação das forças da ONU de respeitarem o direito internacional humanitário.[147] Não são criadas novas obrigações, mas é feita uma apresentação coerente e não exaustiva das obrigações existentes. A referência aos princípios e regras fundamentais não altera a base ou o âmbito das regras existentes. Limita-se a confirmar expressamente que a lei que rege o comportamento das forças da ONU não pode permanecer ao nível dos "princípios e do espírito", que requerem uma elaboração concreta sob a forma de regras para serem eficazes. Estas regras já existem no âmbito do direito consuetudinário e do direito dos tratados.[148]

O próprio Boletim confirma que a expressão "princípios e regras fundamentais" não deve ser interpretada de forma restritiva. [149]Por exemplo, a secção 4, relativa à ação penal, refere-se sem limitações às "violações do direito internacional humanitário". Tal implica que todas as fontes deste sistema normativo são aplicáveis. Além disso, as regras estabelecidas no Boletim ultrapassam o estado atual do direito internacional humanitário e incluem alguns elementos das Convenções. [150][151]Por exemplo, D. Shraga salienta que as disposições relativas à proibição de métodos de guerra que possam causar danos generalizados, duradouros e graves ao ambiente natural, os ataques a objectos essenciais à sobrevivência da população civil e os ataques a instalações que contenham forças perigosas foram incluídas no boletim, apesar de serem de origem puramente convencional. Em alguns domínios, o boletim ultrapassa mesmo as obrigações

[143] Compliance with International Humanitarian Law by the United Nations Armed Forces, Nações Unidas, Boletim do Secretário-Geral, ST/SGB/1999/13, 6 de agosto de 1999, para. 1.1.
[144] Boletim do Secretário-Geral, Art. 5 a 9.
[145] SHRAGA D., (1999) "UN Peacekeeping Operations : Applicability of International Humanitarian Law and Accountability for Mission-Related Harm", p. 409.
[146] DAVID E., (2005) Principes de droit des conflits armes, p. 205.
[147] CONDORELLI L. (1999), "Les progres du droit international humanitaire et la Circulaire du Secretaire general des Nations Unies du 6 August 1999".
[148] KOLB R., (1999) Droit humanitaire et operations de paix internationales, p. 53.
[149] Boletim do Secretário-Geral, art. 6.º, n.º 3.
[150] SHRAGA D., (1999) "UN Peacekeeping Operations : Applicability of International Humanitarian Law and Accountability for Mission-Related Harm", p. 408.
[151] Boletim do Secretário-Geral, art. 6.º, n.º 7.

decorrentes do Tratado. Por exemplo, contém uma proibição particularmente geral das armas incendiárias, quando o direito do Tratado apenas proíbe algumas delas.[152]

3.5.0:   O ECOSOC

O Conselho Económico e Social (ECOSOC) é responsável perante a Assembleia Geral e coordena o trabalho económico e social da ONU. O ECOSOC tem 54 países membros, que são eleitos pela Assembleia Geral para um mandato de três anos. O ECOSOC coordena estudos e

recomenda medidas sobre questões internacionais como a medicina, a educação, a economia e as necessidades sociais. [153] Promove um nível de vida mais elevado, o pleno emprego, o respeito pelos direitos humanos e o progresso económico e social. Supervisiona o trabalho de um grande número de programas e agências das Nações Unidas.

O ECOSOC funciona principalmente através de vários comités permanentes, comissões funcionais e comissões regionais. Existem cinco comissões regionais que tratam da forma como os programas das Nações Unidas trabalham em conjunto numa determinada região. [154] Existem dez comissões funcionais que tratam de questões como o crescimento demográfico, o tráfico de droga, os direitos humanos e o estatuto das mulheres. Outras comissões tratam de questões relevantes para vários programas das Nações Unidas, como a prevenção do crime, as finanças públicas, os recursos naturais, a ciência e a tecnologia e os nomes geográficos.

O ECOSOC coordena o trabalho de muitas agências especializadas que prestam uma variedade de serviços sociais, económicos e afins. As agências são independentes, mas trabalham em conjunto com outros programas da ONU. Estas agências incluem a Organização Mundial de Saúde (OMS), o Banco Mundial, o Fundo Monetário Internacional, a Organização das Nações Unidas para a Educação, a Ciência e a Cultura (UNESCO), a Organização Internacional do Trabalho (OIT) e a Organização das Nações Unidas para a Alimentação e a Agricultura (FAO). O ECOSOC também trabalha em estreita colaboração com o sector privado e com mais de 2.000 organizações não governamentais. Dado o número de organizações que respondem perante o ECOSOC, o organismo tem uma grande influência na aplicação das regras e dos costumes de guerra por parte destas várias organizações.

---

[152] ibid.

[153] James D. Fry, (2006) The UN Security Council and the Law of Armed Conflict: Amity or Enmity?, 38 GEO.ASH. INT'L. REV.

Http:www.un.org recuperado em 26/5/2015

CAPÍTULO 4: A CRIAÇÃO DE
TRIBUNAIS PENAIS INTERNACIONAIS

4.0.0: INTRODUÇÃO

Historicamente, a ideia de justiça retributiva através da ação penal existe há muito tempo e tem sido considerada o instrumento mais adequado para lidar com crimes de guerra e violações dos direitos humanos no passado. [155] Por conseguinte, a justiça retributiva é bem conhecida nos sistemas jurídicos de todo o mundo e pode ser encontrada nos códigos penais nacionais. Recentemente, porém, surgiu a ideia de processar e punir indivíduos com base num conjunto de normas internacionais com validade supostamente universal. Anteriormente, os Estados eram os sujeitos do direito internacional e, por conseguinte, os indivíduos não podiam ser responsabilizados por crimes alegadamente cometidos em violação do direito internacional.[156] Acreditava-se que a prossecução da justiça internacional impediria a repetição de futuros abusos, proporcionaria uma retribuição como forma de limpar a sociedade dos males causados pelos abusos, facilitaria a reconciliação nacional e estabeleceria a verdade sobre os abusos, servindo de catarse para futuros processos judiciais. [157] Tendo isto em mente, a comunidade internacional tomou iniciativas para julgar alegadas violações de crimes internacionais e outras violações hediondas do direito internacional. Trata-se, nomeadamente, do Tribunal Especial para a Serra Leoa, da Câmara Extraordinária do Tribunal do Camboja, dos Julgamentos de Nuremberga, dos Tribunais Penais Internacionais para a ex-Jugoslávia e para o Ruanda, do Tribunal Militar Internacional para o Extremo Oriente, do Tribunal para os Crimes de Guerra de Nanjing, dos Julgamentos para os Crimes de Guerra de Khabarovsk, etc.

4.1.1 : Uma breve história dos tribunais penais internacionais

As leis e os costumes que regem o comportamento em tempo de guerra existem desde a antiguidade, mas no passado poucas pessoas foram julgadas ou punidas por crimes de guerra, genocídio ou crimes contra a humanidade. A criação de um tribunal internacional para julgar os dirigentes políticos acusados de crimes internacionais foi proposta pela primeira vez pela Comissão de Responsabilidades na Conferência de Paz de Paris, em 1919, após a Primeira Guerra Mundial. A questão foi retomada em 1937, numa conferência realizada em Genebra sob os auspícios da Sociedade das Nações, que levou à conclusão da primeira convenção que prevê a criação de um tribunal internacional permanente para julgar actos de terrorismo internacional. A convenção foi assinada por 13 Estados, mas nenhum a ratificou, pelo que nunca chegou a entrar em vigor.

Após a Segunda Guerra Mundial, as potências aliadas criaram dois tribunais ad hoc para julgar os dirigentes das potências do Eixo por crimes de guerra. O Tribunal Militar Internacional de Nuremberga julgou os dirigentes alemães, enquanto o Tribunal Militar Internacional para o Extremo Oriente, em Tóquio, julgou os dirigentes japoneses. Em 1948, a Assembleia Geral das Nações Unidas reconheceu pela primeira vez a necessidade de um tribunal internacional permanente para julgar atrocidades como as

---

[155] Vinjamuri, L. & Snyder, J. (2004) Amnistia Internacional, Serra Leoa: Compromisso renovado para acabar com a impunidade. Al-Index: AFR 51/007/2001.

[156] Kittichaisaree, International Criminal Law, Oxford New York: Oxford University Press (2001), p. 45.

[157] Stensrud, E.E. New dilemmas in transitional justice: lessons from the mixed courts in Sierra Leone and Cambodia. Jornal de Investigação sobre a Paz (2009)

cometidas após a Segunda Guerra Mundial. A pedido da Assembleia Geral, a Comissão de Direito Internacional redigiu dois estatutos no início da década de 1950, mas estes foram suspensos durante a Guerra Fria, o que tornou a criação de um tribunal penal internacional politicamente irrealista.

O primeiro verdadeiro tribunal penal internacional remonta a 1474, quando Peter von Hagen Bach, um oficial nomeado pelo Duque Carlos, o Ousado, da Borgonha, foi julgado e condenado à morte perante 27 juízes do Sacro Império Romano-Germânico por atrocidades cometidas pelas suas tropas contra a população civil.[158]

Em geral, cada Estado processou e puniu os seus próprios cidadãos por crimes internacionais. No entanto, a ação penal nacional tem-se revelado difícil,
se os autores dos crimes fossem dirigentes políticos ou outros altos funcionários do Estado ou se os crimes fossem numerosos e envolvessem muitos autores. As críticas às insuficiências da Alemanha no julgamento e punição dos crimes de guerra cometidos durante a Primeira Guerra Mundial (1914-1918) contribuíram para a decisão dos Aliados de criar os Tribunais de Nuremberga e Tóquio durante a Segunda Guerra Mundial (1939-1945) para julgar os mais importantes criminosos de guerra alemães e japoneses.

Um movimento sustentado a favor de um tribunal penal internacional começou no início do século XX e foi crescendo com cada conflito armado subsequente. Após a Primeira Guerra Mundial, foi explorada a possibilidade de criação de um tribunal, mas a resistência isolacionista impediu que se tomassem novas medidas. Após a Segunda Guerra Mundial, a experiência dos julgamentos de Nuremberga e de Tóquio levou os Estados membros da ONU a propor novamente um tribunal penal internacional permanente para garantir a responsabilização pelos crimes internacionais, dissuadir a sua prática e reduzir a imagem dos julgamentos de crimes de guerra como "justiça do vencedor".

4.1.2 Exemplos de tribunais penais internacionais

Desde a Primeira Guerra Mundial, foram criados vários tribunais penais internacionais, de carácter ad hoc ou híbrido. Para efeitos do presente documento, bastarão alguns exemplos a seguir enumerados:

> **Julgamento de Nuremberga**

Os mais importantes julgamentos de crimes de guerra após a Segunda Guerra Mundial tiveram lugar em Nuremberga, na Alemanha, com base em dois instrumentos jurídicos. Um deles foi o chamado Acordo de Londres, assinado em Londres em 8 de agosto de 1945 por representantes dos Estados Unidos, do Reino Unido, da França e da União das Repúblicas Socialistas Soviéticas (URSS), e o outro foi a Lei n.º 10, emitida pelo Conselho de Controlo Aliado em Berlim, em 20 de dezembro de 1945.

> **Tribunal Penal Internacional para a ex-Jugoslávia/Ruanda**

O Tribunal Penal Internacional para a ex-Jugoslávia (TPIJ) e o Tribunal Penal Internacional para o Ruanda (TPIR) são ambos tribunais ad hoc criados pelo Conselho de Segurança das Nações Unidas no exercício dos poderes que lhe são conferidos pelo Capítulo VII da Carta das Nações Unidas. Enquanto o TPIJ foi criado em resposta às violações do direito humanitário internacional no território da antiga Jugoslávia durante a guerra da Jugoslávia, o ICTR foi uma resposta direta ao genocídio monumental que ocorreu cem dias após o assassinato do Presidente Juvenal Habyarimana em 6 de abril de 1994.[159]

Microsoft Encarta (2009) 1993-2008 Microsoft Corporation. Todos os direitos reservados.
[159]Resolução 955 (1994) do Conselho de Segurança das Nações Unidas.

É de salientar que ambos os tribunais são especiais em certos aspectos. Enquanto o ICTY é o primeiro tribunal penal internacional criado após os julgamentos de Tóquio e Nuremberga para julgar violações do direito humanitário internacional, o ICTR é o primeiro tribunal penal em África. Por outro lado, é o primeiro tribunal penal do seu género a ser estabelecido em África. A sua criação precedeu a criação do Tribunal Especial para a Serra Leoa, que por sua vez foi criado para julgar as violações do direito internacional humanitário durante a guerra civil na Serra Leoa e é responsável pela atual detenção do senhor da guerra liberiano Charles Ghankay Taylor.[160]

> **Câmara Extraordinária dos Tribunais do Camboja**

Em junho de 2003, as Nações Unidas (ONU) e o Governo do Camboja assinaram um acordo sobre a criação de um tribunal de genocídio apoiado pela ONU para julgar os antigos líderes dos Khmers Vermelhos. O acordo marcou o fim de anos de difíceis negociações, que fracassaram devido à questão de saber até que ponto o tribunal deveria estar sob controlo estrangeiro. O acordo de compromisso estipula que a maioria dos juízes deve ser cambojana, mas que pelo menos um juiz estrangeiro deve apoiar uma decisão do tribunal.

> **Tribunal Especial para a Serra Leoa**

Em 2002, as Nações Unidas e o Governo da Serra Leoa criaram conjuntamente um tribunal de crimes de guerra, o Tribunal Especial para a Serra Leoa, para julgar indivíduos que cometeram atrocidades durante a guerra civil da Serra Leoa, que durou de 1991 a 2000. Ao contrário dos tribunais da antiga Jugoslávia e do Ruanda, que são administrados pelas Nações Unidas e compostos por juízes e procuradores nomeados pela ONU, o Tribunal Especial é administrado conjuntamente pelas Nações Unidas e pelo Governo da Serra Leoa e é composto por uma mistura de juízes serra-leoneses e internacionais. O Tribunal tem jurisdição sobre as violações graves do direito humanitário internacional e de determinadas leis penais da Serra Leoa. A fim de não sobrecarregar o Tribunal, a sua competência limita-se aos crimes cometidos desde 30 de novembro de 1996.

No entanto, em julho de 1998, os delegados das Nações Unidas adoptaram um estatuto que institui um Tribunal Penal Internacional (TPI) permanente para julgar pessoas acusadas de genocídio (extermínio sistemático de um grupo), crimes de guerra, crimes contra a humanidade e crimes de agressão. O TPI destina-se a substituir os tribunais ad hoc com jurisdição limitada, como os criados para os conflitos na antiga Jugoslávia e no Ruanda. O TPI, com sede em Haia, Países Baixos, foi oficialmente fundado em 1 de julho de 2002.[162]

4.3.1 O fracasso das Nações Unidas na criação de um sistema de justiça penal internacional

Tribunal após a guerra civil nigeriana

Tendo em conta os poucos exemplos de tribunais penais internacionais criados pelo Conselho de Segurança das Nações Unidas (CSNU) ao longo dos anos, com o acordo do país em causa, para resolver conflitos armados, é óbvio que o CSNU não conseguiu criar um tribunal deste tipo após a guerra civil nigeriana. Durante a guerra civil nigeriana, houve razões para lamentar a morte do muito respeitado Secretário-Geral das Nações Unidas, Dag Hammarskjold, que morreu num acidente de avião em setembro de 1961. O

161Direito Penal Internacional. (2013). Encyclopedia Britannica. Encyclopedia Britannica Ultimate Reference Suite. Chicago: Encyclopedia Britannica p. 56.

diplomata birmanês U Thant, escolhido como seu sucessor, dirigiu a ONU de 1961 a 1971. Ao contrário de Dag Hammarskjold, que era um perito na resolução de conflitos e um humanista, U Thant era um tipo de pessoa completamente diferente.[161]

Sob a sua liderança, as Nações Unidas adoptaram uma postura não intervencionista, deixando o aconselhamento e a orientação política para organismos locais, como a Organização de Unidade Africana (OUA), a quem as Nações Unidas deram grande latitude na tomada de decisões e na implementação. Pelo menos no início do conflito armado, poder-se-ia argumentar a favor desta posição, mas à medida que a crise humanitária se agravou e acabou por levar à fome e à morte de milhões de pessoas, até o anarquista mais empenhado teria esperado que as Nações Unidas se envolvessem mais. Isso não aconteceu, e várias pessoas acreditam que não teria havido tantas atrocidades, tanta fome e tanta morte se a ONU tivesse estado mais envolvida.[162]

[163][164] [165]Achebe escreveu que, em outubro de 1969, Ojukwu se dirigiu desesperadamente à ONU para "mediar um cessar-fogo como prelúdio de negociações de paz". Os seus apelos foram recebidos com um silêncio ensurdecedor. Em vez disso, a ONU remeteu-o para a UA. Esta foi uma oportunidade calculada para as tropas nigerianas, que puderam agora cometer uma série de violações dos direitos humanos sob a proteção internacional da ONU. Como o exército nigeriano não conseguiu pôr termo à prolongada ofensiva dos guerrilheiros do Biafra, atacou abertamente civis numa

uma tentativa insensata, cruel e desesperada de provocar a resistência interna à guerra e conseguir uma capitulação rápida.[167]

O vazio de liderança moral e humanitária por parte das Nações Unidas significava que o governo federal nigeriano podia atuar de forma imprudente sem uma supervisão adequada por parte das organizações internacionais. Teria havido poucas provas das atrocidades cometidas durante a guerra se não fossem as organizações não governamentais privadas e os indivíduos. Só em fevereiro de 1969, cerca de oitocentos civis foram massacrados em ataques dirigidos pela Força Aérea Nigeriana a mercados abertos perto de Owerri-Umuohiagu e Ozu-abam. Os pilotos da Força Aérea Nigeriana eram particularmente famosos por não respeitarem as resoluções da Convenção de Genebra que descreviam zonas seguras para civis, como hospitais, campos de refugiados e de distribuição de alimentos e centros de culto religioso.[166]

[167]Num artigo intitulado "Who Cares about Biafra Anyway?", publicado no Harvard Crimson, Jeffery D. Blum descreve os horrores testemunhados por Jean Mayer, professora da Escola de Saúde Pública da Universidade de Harvard:

> Os centros de distribuição e os campos de refugiados são
> bombardeados e lançados quando um grande número de
> pessoas é visível à luz do dia. As conclusões da Cruz

---

[161] Comité Internacional da Cruz Vermelha, Report on the Protection of War Victims, 33 INT'L REV. CRUZ VERMELHA 391, 427-28 (1993)

[162]th I ntrodução ao Relatório Anual do Secretário-Geral sobre os Trabalhos da Organização (1969), parágrafo 205, ver também Actas detalhadas das seguintes sessões plenárias da Assembleia Geral: 1756, 1757, 1759, 1760, 1762-1767

[163] Achebe, op. cit., p. 30

[164] O. O. Akanjide, "Humanitarian and Human Rights Issues in the Nigerian Civil War" Enugu, De-Joe Publications Communications Ltd. 1998, p. 65.

[167] J. E. Aliogo, World Wars and the Causes, Enugu, De-Joe publications communications Ltd. 2009, p. 47

[167] Jeffery D Blum, "Who Cares about Biafra Anyway" The Harvard Crimson, The University Daily since 1873 (1969) publicado em www.thecrimson.com/article/1969/2/2 acedido a 23/7/2015

Vermelha são seguidas com particular atenção pelos bombardeiros nigerianos. Mayer viu como um europeu que trabalhava na frente de guerra do Biafra transportou 117 crianças moribundas no seu camião para um hospital numa única noite.

Estes ataques aéreos saíram pela culatra para a Nigéria e prejudicaram ainda mais o apoio internacional ao esforço de guerra do país. Ojukwu aproveitou a oportunidade para fazer uma declaração à imprensa internacional depois de se ter dirigido à assembleia consultiva em Umuahia. Acusou as tropas federais de fazerem uma última tentativa desesperada sob a forma de um pogrom do exército terrestre.

4.3.2 Possíveis razões para o fracasso das Nações Unidas na luta contra o terrorismo

Criação de um tribunal penal internacional para a guerra civil nigeriana

Tendo em conta o facto de a ONU não ter cumprido as suas responsabilidades durante e após as hostilidades que tiveram lugar no território nigeriano entre 1967 e 1970, vários factores foram apontados como razões para esse fracasso. Os seguintes factores foram identificados como razões:

* Dependência total das infra-estruturas regionais

Na introdução (apresentada em 15 de setembro) ao seu relatório anual à Assembleia Geral sobre o trabalho da Organização para o período de 16 de junho de 1968 a 15 de junho de 1969, o Secretário-Geral declarou que lamentava profundamente a continuação do trágico conflito na Nigéria. As actividades das Nações Unidas em relação ao conflito tinham sido de natureza exclusivamente humanitária, afirmou o Secretário-Geral, e deveria ser possível, apesar de todas as dificuldades políticas e outras, prosseguir as actividades humanitárias das Nações Unidas e manter o fluxo de fornecimentos de ajuda às áreas afectadas.[168]

A fim de coordenar os esforços e tomar as medidas mais eficazes, acrescentou, várias organizações governamentais e privadas acordaram, em 1968, em canalizar toda a ajuda humanitária às vítimas do conflito nigeriano através do Comité Internacional da Cruz Vermelha.[169] Este acordo inclui as acções de socorro da ONU, nomeadamente as do Fundo das Nações Unidas para a Infância (UNICEF). O Secretário-Geral espera que sejam disponibilizados carregamentos maiores de material de socorro e que as pessoas em posições de responsabilidade e autoridade facilitem o transporte desse material.

Em abril de 1961, o Secretário-Geral tinha anunciado a nomeação de SAID-UDDIN KHAN para substituir NILS-GORAM GUSSING como seu representante para as actividades humanitárias na Nigéria. O Sr. Gussing tinha chegado à Nigéria em agosto de 1968 como representante do Secretário-Geral para ajudar nas operações de socorro e humanitárias a favor das vítimas civis das hostilidades; em setembro de 1968, respondeu a um pedido do Governo Federal da Nigéria para a nomeação de um observador para visitar as zonas afectadas pela guerra na Nigéria. O Secretário-Geral tinha também nomeado o Sr. Gussing para este efeito. Em 1968 e 1969, os observadores apresentaram relatórios intercalares sobre as suas actividades; os relatórios foram publicados sob a forma de comunicados de imprensa.

---

[168] Kittch al-savee, K. International Criminal Law, Oxford University Press (2001), p.35

[169] Kofi Anan, antigo Secretário-Geral das Nações Unidas. Disponível em http://www.un.org/law/icc/general/overview.htm 16 de novembro de 2010 recuperado em 20 de maio de 2015

No que respeita à vertente política da questão, o Secretário-Geral declarou, na introdução do seu relatório anual, que era correto deixar o aspeto político do problema nigeriano para ser resolvido pela OUA. Esperava que as iniciativas de estadista e imaginativas da U.A.A. fossem seguidas por uma ação sábia e conciliatória de ambas as partes, de modo a que uma resolução justa e equitativa das questões que conduziram a este trágico conflito pudesse ser alcançada por meios pacíficos. [170th]Durante o debate geral na fase de abertura da 24ª sessão da Assembleia Geral - em várias reuniões entre 19 de setembro e 8 de outubro de 1969 - vários representantes expressaram a sua preocupação com a situação e esperavam que fosse encontrada uma solução pacífica.[171]

❖ **Falta de vontade política Poder**

Depois de uma viagem histórica através dos esforços da comunidade mundial para assegurar que as violações do direito internacional não fiquem impunes, desde o julgamento dos nazis, passando pela criação dos dois tribunais ad hoc para a ex-Jugoslávia e para o Ruanda, até ao acontecimento milenar da elaboração de um tratado para um Tribunal Penal Internacional permanente em Roma, em 17 de julho de 1998, foi concluído em Roma um tratado para um Tribunal Penal Internacional permanente. Daqui se pode concluir, sem receio de contradição, que a impunidade com que são punidos os crimes de genocídio na Nigéria não se deve à falta de mecanismos penais e de sanções adequadas para as infracções, mas sim à falta de vontade política e moral por parte do Estado. Por exemplo, Ahmed Harun e Aliyu Ashe, um ministro e líder da Janjaweed (milícia militar), foram acusados pelo Tribunal Penal Internacional de genocídio na região de Dafur, mas o Governo sudanês recusou-se a prendê-los até Aliyu Ashe ser detido em outubro de 2008, deixando Ahmad Harun para trás. Lewis Ocompo, o procurador do TPI, emitiu novamente um mandado de captura contra o Presidente sudanês Omar Hassan Al-Bashir, acusado de genocídio na região ocidental de Dafur. No entanto, os líderes da Liga Árabe e da União Africana (UA) rejeitaram esta medida, argumentando que não era necessária para resolver a crise do Darfur. Acusaram o TPI de não ser mais do que um instrumento dos países ocidentais, enquanto em África o TPI abre processos contra indivíduos por alegados crimes, mas devido à parcialidade do tribunal em relação às atrocidades em Gaza, o tribunal é como um cão que ladra e pode morder.

❖ **Financiamento não fiável**

A angariação de fundos é um problema constante com tantas crises a disputar a atenção do mundo. Muitas organizações das Nações Unidas e esforços humanitários são financiados por contribuições voluntárias e os apelos não recebem donativos suficientes. O Programa Alimentar Mundial suspendeu um programa de vales de alimentação para mais de 1,7 milhões de refugiados sírios, depois de muitos doadores não terem cumprido os seus compromissos. Todos os 193 Estados membros contribuem para o orçamento regular da ONU e para um orçamento separado para as operações de manutenção da paz, mas alguns países estão cronicamente atrasados nos seus pagamentos. No início de novembro, os membros deviam cerca de 3,5 mil milhões de dólares para as operações

---

[170] Fomerand, Jacques. The A to Z of the United Nations [De A a Z das Nações Unidas]. Lanham, MD: Scarecrow Press. (2009) ISBN 9780810870208.

[171] A/7601/ADD.1 . INTRODUÇÃO AOS RELATÓRIOS ANUAIS DO SECRETÁRIO-GERAL SOBRE O TRABALHO DA ORGANIZAÇÃO, SETEMBRO DE 1969, PARA. 205. [TH]205 (VER TAMBÉM AS ACTAS DETALHADAS DAS SEGUINTES SESSÕES PLENÁRIAS DA 24.ª SESSÃO DA ASSEMBLEIA GERAL: 1756, 1757, 1759, 1760, 1762, 1765, 17671714, 1777, 1779-1774)

regulares e de manutenção da paz.

Estrutura de poder desactualizada

Os mesmos cinco países - os vencedores da Segunda Guerra Mundial - têm mantido o poder desde 1945: os Estados Unidos, a Rússia, a China, a Grã-Bretanha e a França. Na altura como agora, são os únicos membros permanentes do poderoso Conselho de Segurança de 15 membros.[172] Cada um deles tem direito de veto, o que levou a que o Conselho ficasse quase paralisado nalgumas crises importantes, como a Síria e a Ucrânia. Os críticos afirmam que o Conselho simplesmente não representa o mundo atual. Quando foi fundada, a ONU tinha 51 Estados membros. Atualmente são 193, muitos dos quais reclamam mais influência. Todos os países estão representados na Assembleia Geral, mas este órgão só pode aprovar resoluções não vinculativas. A Alemanha, o Japão, a Índia, a África do Sul, a Nigéria e o Brasil são frequentemente citados como países que merecem um lugar permanente no Conselho de Segurança. No entanto, não há qualquer indicação de que os cinco grandes países tencionem abdicar do seu poder ou partilhá-lo com outros países.[173]

O comércio internacional de cavalos políticos

Nos bastidores, há uma grande disputa por posições de topo no Secretariado da ONU e nas organizações da ONU, para não falar dos lugares em organismos importantes como o Conselho dos Direitos Humanos e o Conselho de Segurança. Cada país pertence a um grupo regional que trabalha para garantir que está bem representado.[174] É frequentemente criticado o facto de aqueles que conseguem os lugares não terem as melhores qualificações, como é o caso das ditaduras que são eleitas para o Conselho dos Direitos Humanos.

Falta de interesse por parte do governo de Gowon

Embora as nações do mundo tenham feito muito para promover a paz e a segurança através do Tribunal Penal Internacional, reunindo recursos colectivos, a segurança não foi totalmente alcançada devido à atitude não cooperativa de alguns Estados. Por exemplo, no Sudão, quando o Procurador do TPI exerceu pressão sobre o governo sudanês. Este anunciou a detenção de Aliyu Ashe, o líder da milícia Janjaweed, mas recusou-se a entregá-lo ao TPI porque queria efetuar a sua própria investigação. Foi exatamente o que aconteceu na Nigéria depois da guerra. Gowon não estava disposto a processar aqueles que estavam envolvidos na guerra, provavelmente porque ele próprio era um deles.

---

[172] Schabas, W. An Introduction to the International Criminal Court, Cambridge, Press, London 2nd edition (2004) p.6

[173]
   ibid.

[174] Willis J.F., Prologue to Nuremberg: The Politics and Diplomacy of Punishing War Criminals of the First World War Westport, (1982) na p.26.

CAPÍTULO 5: A GUERRA ENTRE A NIGÉRIA E O BIAFRA E OS INTERESSES ANTAGÓNICOS DAS PARTES ENVOLVIDAS

5.0.0: A posição do Biafra durante a guerra

Para compreender plenamente algumas das posições concorrentes durante a guerra do Biafra nigeriano, pode ser útil começar por analisar a reação local e internacional. [176]Começando com o golpe de estado de 15 de janeiro de 1966, passando pelo contra-golpe e pelo massacre de trinta mil Igbos e orientais em pogroms que começaram em 1966 e se arrastaram durante quatro meses - os acontecimentos desses meses aterrorizaram milhões de outros futuros Biafrans. Fugindo de todo o tipo de atrocidades infligidas a eles e às suas famílias em diferentes partes da Nigéria, viam-se a si próprios como vítimas. Quando se aperceberam de que o então Governo Federal da Nigéria não estava a responder aos seus apelos para pôr fim ao pogrom, concluíram que um governo que não protege a vida dos seus cidadãos não tem direito à sua lealdade e deve estar preparado para aceitar que as vítimas merecem o direito de procurar a sua segurança de outras formas - incluindo a secessão.

5.1.0: O argumento nigeriano

A atitude da Nigéria em relação ao Biafra baseava-se no pressuposto de que, se o Biafra se separasse, várias nacionalidades étnicas da Nigéria seguiriam o mesmo caminho.[177] Por conseguinte, o governo nigeriano tinha de impedir a secessão do Biafra para evitar o desmembramento da Nigéria.

5.2.0: O jogo triangular: o Reino Unido, a França e os EUA

A resposta oficial da Grã-Bretanha ao conflito baseou-se no facto de que, como nosso "antigo senhor colonial", não toleraria o desmembramento de uma das suas colónias mais valiosas, especialmente uma colónia que tinha trabalhado arduamente para construir. O relatório de Michael Leapman publicado no Independent em 1998 revelou uma atitude muito mais cínica quando declarou

> "Os documentos do Gabinete (de 1967) que acabam de ser
> divulgados mostram como a decisão de continuar a armar
> a Nigéria não se baseou no argumento a favor ou contra a
> secessão ou no interesse do povo, mas no apoio ao provável
> vencedor. É um caso de estudo de realpolitik. Um
> documento informativo de um oficial da Commonwealth
> para o Primeiro-Ministro diz: "O único interesse britânico
> imediato é restaurar a economia nigeriana a um estado em
> que o nosso comércio e investimento substanciais possam
> continuar a expandir-se".[178]

Rick Fountain, da BBC, numa reportagem de segunda-feira, 3 de janeiro de 2000, intitulada "Secret Paper Reveal Biafra Intrigue", confirma que os interesses petrolíferos e a concorrência entre a Grã-Bretanha, a França e os Estados Unidos desempenharam um papel muito mais importante do que a posição unificada da Nigéria:

---

[176] Ladan, M.T. "Introduction to International Human Rights and Humanitarian Laws", Ahmadu Bello University Press, Zaria (1999) p. 76

[177] O Congresso Judaico Americano fornece mais informações. Alguns utilizaram as minorias e o seu receio do domínio Igbo como motivo para impedir o "Memorradum" de 27 de dezembro de 1968 sobre a secessão do Biafra.

[178]Michael Leapman "British interest, Nigerian tragedy", Independent Sunday, 4 de janeiro de 1998

"Inicialmente, o Biafra foi bem sucedido, o que alarmou a Grã-Bretanha, a antiga potência colonial, que estava preocupada com as suas grandes reservas de petróleo. A União Soviética também estava interessada, pois via uma oportunidade de aumentar a sua influência na África Ocidental. Ambas enviaram armas para apoiar o governo militar federal do General Yakubu

Ganharam. Mas a França, a outra grande potência colonial da região, também interveio... Embora Paris tenha negado repetidamente ter armado os biafrenses, os documentos recentemente desclassificados revelam relatórios dos serviços secretos que mostram que grandes carregamentos de armas chegaram ao Biafra através de dois Estados francófonos vizinhos, a Costa do Marfim e o Gabão. Os serviços secretos britânicos avisaram que a penetração soviética estava a aumentar, mas que isso não preocupava particularmente Paris. De acordo com os relatórios britânicos, o objetivo francês parece ser o desmantelamento da Nigéria, que ameaça eclipsar os Estados francófonos clientes da França na África Ocidental devido à sua dimensão e potencial.[179]

O governo britânico viu-se rapidamente confrontado com um pesadelo de relações públicas no país e no estrangeiro. O então primeiro-ministro britânico Harold Wilson acusou pessoalmente Ojukwu de tentar ganhar simpatia explorando as vítimas de uma guerra para a qual o seu governo estava a fornecer armas. O bombardeamento de alvos civis no Biafra pela força aérea nigeriana foi notícia nos noticiários da noite e apareceu nos principais jornais britânicos, provocando uma "honesta indignação" entre o povo britânico.[181] A situação era tão tensa que, segundo consta, os estivadores britânicos se recusaram a carregar navios com destino a Lagos com armas britânicas, protestando contra o facto de estas estarem a ser utilizadas para matar "bebés do Biafra". Quando a força aérea nigeriana abateu um avião da Cruz Vermelha sueca que transportava material humanitário e medicamentos para os doentes e moribundos do Biafra, matando todos os que se encontravam a bordo, o desespero da opinião pública britânica foi ainda maior. Esta ansiedade foi agravada pouco tempo depois quando chegou a terrível notícia de que o Diretor da Cruz Vermelha Internacional, Dr. August
Lindt e os seus ajudantes foram detidos durante quase dezasseis horas após a sua chegada a Lagos, onde pretendiam visitar instalações humanitárias no Biafra e manter conversações com representantes do governo nigeriano.

Do outro lado do Canal da Mancha, havia notícias encorajadoras: A 31 de julho de 1968, a diplomacia do Biafra atingiu um marco importante quando o Conselho de Ministros francês emitiu uma declaração de apoio ao Biafra, embora não constituísse um reconhecimento total da república separatista:

"O Governo francês considera que o derramamento
de sangue e os sofrimentos que o povo do Biafra
suportou durante mais de um ano demonstram a sua
vontade de se afirmar como povo. Assim, fiel aos
seus princípios, o Governo francês considera que o
conflito atual deve ser resolvido com base no direito
dos povos à autodeterminação e deve implicar a
abertura   de   procedimentos   internacionais
adequados.

[179]Rick Fountain, "Secret papers reveal Biafra intrigues", BBC News, 3 de janeiro de 2000

Havia outros interesses franceses que vieram a lume mais tarde. Paris queria que a companhia petrolífera francesa Elf Aquitaine (que tinha uma quota de mercado mais pequena na indústria petrolífera nigeriana) tivesse uma maior presença na região da África Ocidental, o que estava de acordo com a visão de Jacques Foccart do domínio francês.[180]

Os Estados Unidos da América mantiveram-se oficialmente "neutros" durante o conflito, o que significa que não apoiaram abertamente nem o governo nigeriano nem o Biafra.[181] Os biafrenses que queriam que os Estados Unidos adoptassem uma posição mais agressiva a favor do Biafra, especialmente por razões humanitárias, ficaram profundamente desapontados, para dizer o mínimo. Secretamente, porém, afirmava-se que Washington, sob a presidência de Lyndon Johnson, antes de este deixar o cargo em janeiro de 1968, apoiava o esforço de guerra nigeriano em cooperação com os britânicos. A sua administração também teve uma série de disputas com as autoridades do Biafra sobre o papel da Cruz Vermelha Internacional, o principal organismo humanitário dos Estados Unidos para a distribuição de bens de socorro aos necessitados no Biafra, especialmente depois de Gowon e a sua administração terem imposto um bloqueio.

---

[180] Caron, D.D. The legitimacy of the collective authority of international laws. Vol. 10 (1999), pp. 52-53.
[181] Conselho de Religião e Assuntos Internacionais, Weltanschauung 12 (1969)

CAPÍTULO 6: CONCLUSÃO GERAL

6.0.0: Resumo/Conclusão

Este trabalho analisa de forma crítica a iniciativa global para acabar com a impunidade através de tribunais penais internacionais e a necessidade de tribunais penais internacionais. Analisa a razão pela qual não foi criado um tribunal penal internacional após a guerra civil nigeriana. O trabalho fornece uma visão das razões pelas quais não foi criado um tribunal penal internacional na Nigéria após a guerra civil. Na sequência do Plano Marshall americano, que levou à reconstrução da Europa após a Segunda Guerra Mundial, o Governo Federal da Nigéria lançou um programa elaborado com os três Rs - Reconstrução, Reabilitação e Reconciliação. O governo também criou um Corpo Nacional de Serviço da Juventude (NYSC) para promover a unidade e a integração nacionais. Mas, para além dos três Rs e do programa NYSC, não houve um verdadeiro esforço para confrontar e lidar com os sentimentos que tinham conduzido à guerra. [184]Foi uma guerra que custou cerca de dois milhões de vidas ( ), a maioria das quais de etnia Igbos do Sudeste, e na qual ambos os beligerantes foram culpados de actos que provavelmente deveriam ter sido decididamente levados à justiça após o fim da guerra.

6.1.0: Recomendações

Para além do pogrom de 1966 e da guerra atroz de 1967 a 1970, a privação política, económica e social das populações da parte oriental do país foram casos de maldade intencional e de graves violações do direito humanitário internacional. A incapacidade das Nações Unidas para lidarem de forma realista com a ameaça à paz colocada pela guerra da Nigéria levantou a questão de saber até que ponto podem intervir com êxito em situações de crise e contribuir para a resolução de problemas rotulados como assuntos internos dos Estados membros. É também importante notar que, no estado atual das relações internacionais, nenhuma organização não governamental tem poder de veto sobre as acções dos seus membros individuais. Esta situação foi complicada pela posição irreconciliável da Nigéria e do Biafra durante a guerra. Com base nas conclusões do presente documento, podem ser feitas algumas recomendações.

I. Deveria haver reparação e indemnização para os biafrenses que foram vítimas. [184] Pode tratar-se de uma indemnização financeira ou de uma compensação por violações sistemáticas e persistentes dos direitos humanos e dos grupos. Isso daria a essas vítimas uma vida mais feliz e reduziria a violação dos direitos humanos, mesmo em tempos de crise.[185]

II. Deve ser convocada uma conferência nacional soberana e não a conferência nacional que teve lugar em 2014.[186] A situação que leva à convocação de uma conferência nacional decorre da consideração de que a ordem ou o regime existente é incapaz de resolver os problemas económicos e políticos e que as instituições do Estado são bastante fracas ou ineficazes para impor a sua autoridade, enquanto a oposição democrática não é suficientemente forte para provocar uma mudança de regime ou de sistema. Uma conferência nacional

---

[184] Ken, Saro Wiwa "Genocide in Nigeria, the Ogoni Tragedy", Saros International Publishers Port-Harcourt, Nigéria. (1992) P 54

[185]Frank Chalk e Kurt Jonassohn "Analysis and Case Studies" Yale University Press, New Haven, Conn(1990) p 56

[186] Relatório da Conferência Nacional de 2014 agosto p. 2-23

soberana é a reunião de organizações da sociedade civil, sindicatos, partidos políticos, associações profissionais, confissões religiosas e representantes do governo para discutir e traçar novas direcções para a nação. Como a palavra "soberana" implica, a conferência não está sujeita ao poder estatal e os seus resultados podem deslocar e varrer a ordem existente e anunciar uma ordem inteiramente nova.[187] É capaz de tomar decisões eficazes e eficientes que afectam a existência, a sobrevivência e/ou os limites do poder do regime existente. Isto significa que um soberano

III. A conferência nacional é interpretada como uma fase transitória no processo de uma luta de massas para concretizar uma mudança de sistema ou de regime.

IV. O governo deve abordar as causas do conflito e trabalhar para implementar processos de paz e reconciliação para evitar os acontecimentos de 8 de abril de 2015, quando a Grécia exigiu mais de 300 mil milhões de dólares da Alemanha em compensação por danos da Segunda Guerra Mundial, enquanto a Alemanha alegou ter liquidado os seus pagamentos de reparações à Grécia num acordo pós-guerra.[188] Esta nova disputa agrava as tensões entre os dois países, causadas pela incapacidade da Grécia de pagar os seus empréstimos à União Europeia. [189]Entretanto, como relata Zlatica Hoke no , o governo grego está a estudar a possibilidade de intensificar as relações com a Rússia. A Grécia está a estudar a possibilidade de intensificar as relações com a Rússia, o que ajudaria a reduzir a escala dos ataques contra pessoas dentro e fora do país.

V. A constituição nigeriana deve abordar a questão fundamental da natureza da união federal de forma mais explícita e inequívoca do que anteriormente. Deveria ser apoiada pelas disposições institucionais necessárias que deveriam investir mais energia e recursos nas seguintes áreas: - Um plano de desenvolvimento económico centrado no povo, baseado na justiça social e na igualdade entre homens e mulheres; um sistema político que proteja a soberania do povo da desorientação por forças primordiais; - Uma ideologia nacional verdadeiramente progressista que substitua a hipocrisia do irredentismo primordial pelos valores cívicos de um Estado-nação moderno ou em vias de modernização, e a Constituição deve reforçar o direito de residência e de cidadania em detrimento dos direitos dos povos indígenas. Isto reduziria o grau de discriminação social, económica e política contra os biafrenses que persiste desde 1966.

VI. As organizações internacionais não devem esperar que a guerra rebente e que muitas coisas estejam em desordem para iniciar a mediação. Por exemplo, quando se descobrem tensões latentes, pode ser necessário criar um órgão ad hoc de mediação interna cujos membros sejam provenientes de um organismo como o Tribunal Permanente de Arbitragem e colocados à disposição das partes em conflito. Um órgão deste tipo poderia ter sido de grande utilidade no início da crise nigeriana, entre novembro de 1966 e março de 1967, quando ambas as partes procuravam obviamente uma saída para o seu impasse, mas não conseguiam chegar a acordo sobre a conveniência da mediação de Estados externos.

---

[187] Diamond, Larry. Class, Ethnicity and Demoracy in Nigeria: The Failure of the First Republic'
Basingstroke, UK, macmillian Press (1988). P 34
http://www.telegraph.co.uk recuperado em 24/7/2015
http://www.telegraph.co.uk recuperado em 24/7/2015

VII. Embora a Organização das Nações Unidas deva enfrentar eficazmente os desafios decorrentes da situação de conflito em África, as organizações regionais e sub-regionais devem envolver-se mais ativamente na resolução das crises nos países sob a sua jurisdição. Espera-se, portanto, que as organizações supranacionais sediadas em África se empenhem mais em esforços que facilitem a paz e a resolução de conflitos em todas as partes do continente, em vez de esperarem ou confiarem demasiado no papel de mediação e manutenção da paz das Nações Unidas, uma vez que a organização mundial tem muitas preocupações globais que precisam da sua atenção. Esta questão é particularmente significativa se tivermos em conta a atitude indiferente das Nações Unidas em relação à guerra civil nigeriana, pois consideraram que havia outras áreas que necessitavam da sua atenção urgente, como a guerra israelo-árabe de 1967 e a guerra do Vietname, que se aproximava do seu clímax em 1969.

VIII. Os responsáveis deveriam ser entregues ao Tribunal Penal Internacional para serem julgados. A este respeito, o próprio Gowon observou que:[190] Por conseguinte, estou disposto a ser julgado no Tribunal Penal Internacional de Haia pelo papel que desempenhei durante a guerra e, felizmente, ainda existem alguns nigerianos vivos que podem testemunhar o papel desempenhado tanto pela direção do grupo secessionista como pelo governo militar de então, sob a minha direção"."

IX. A União Africana deve ser revitalizada. A revitalização da U.A. exige, portanto, a vontade política e o empenho da U.A. em resolver os conflitos em África. Além disso, a Força Africana de Reserva, que a organização decidiu criar, deve estar bem organizada e equipada para enfrentar os desafios das situações de conflito em qualquer parte do continente.

X. Para proteger os interesses das minorias e dos grupos étnicos da extinção devido à pressão esmagadora de outros grupos étnicos e à tendência de outros grupos para dominarem através de políticas de limpeza étnica sistemática, tanto a constituição federal como a estadual devem incluir as seguintes disposições Reconhecer e aplicar a dicotomia entre os cidadãos culturalmente indígenas e os cidadãos não indígenas de uma forma que a Constituição do Estado, por si só, não pode fazer.

XI. Dada a importância do sector social para o bem-estar dos cidadãos e para o funcionamento ótimo da economia, um passo importante para atingir este objetivo é a adoção de uma Carta de Direitos abrangente que, enquanto carta social, constitua a base da ligação entre o governo e os cidadãos

---

[190]Nowa Omoigiu "Guerra Civil Nigeriana" (2007) Recuperado em 9 de março de 2015
http://www.hrw.org/background/Africa/retrieved em 25-3-2015

BIBLIOGRAFIA

A. LIVROS

Akanjide, O. O. "Humanitarian and Human Rights Issues in the Nigerian Civil War" Ahmadu Bello University Press, Zaria (1989)

Ajala, A. e Sagay, I.E. "Teaching of IHL in Nigerian Universities", ICRE Publication Press, Lagos (1998).

Alexander. A. Madiebo "The Nigerian Revolution and the Biafra War", Fourth Dimension Publishers, Enugu (1980)

Borg, F. "Origin and Development of International Law", ICRE Press (1982).

Brierly, J.L. "The Covenant and the Charter", British Year Book of International Law, (1946) pp. 83-92,

Chinua Achebe, "The Trouble with Nigeria", Enugu, Fourth Dimension Publishing Co., Ltd (1985),

Chinua Achebe "There Was a Country: A Personal History of Biafra" (Havia um País: Uma História Pessoal do Biafra) U.S.A. Penguin Group (2012)

Chima J Korieh, "Biafra and the discourse on the Igbo genocide", Journal of Asian and African Studies USA (2015)

Clayborne Carson(ed) "The Autobiography of Martin Luther King Jnr" Little Brown and Company, Reino Unido (1999)

Coulon, Joseph "Soldiers of Diplomacy: The United Nations, Peacekeeping, and the New Order" University of Toronto Press, Canadá (1998)

Diamond, Larry. Class, Ethnicity and Demoracy in Nigeria: The Failure of the First Republic' Basingstroke, UK, macmillian Press (1988).

Frank Chalk e Kurt Jonassohn "Analysis and Case Studies" Yale University Press, New Haven, Conn(1990)

Fomerand, Jacques. The A to Z of the United Nations [De A a Z das Nações Unidas]. Lanham, MD: Scarecrow Press. (2009) ISBN 9780810870208.

James D. Fry, The UN Security Council and the Law of Armed Conflict: Amity or Enmity?, 38 GEO. WASH. INT'L. REV (2006)

J. E. Aliogo, World Wars and the Causes, Enugu, De-Joe publications Communication Company (2006)

Ken, Saro Wiwa "Genocide in Nigeria, the Ogoni Tragedy", Saros International Publishers Port-Harcourt, Nigéria.

Ken Saro Wiwa "On a Darkling Plain: An Account of the Nigerian Civil War" (1989) Saros International Publishers Port Harcourt (1992)

Kittch al-savee, K. "International Criminal Law", Oxford University Press London (2001)

Mendis, Chinthaka [editado por Hemamal Jayawardena] "Application of International Humanitarian Law to United Nations Forces" [Aplicação do Direito Internacional Humanitário às Forças das Nações Unidas]. EUA: Zeilan Press (2007).

Michael Peel "A Swamp Full of Dollars: Pipelines and Paramilitaries on Nigeria's Oil Front" I.B. Tauries & Co. Ltd. Londres (2009)

Michael Leapman "British interest, Nigerian tragedy", Independent Sunday, 4 de janeiro de 1998

Njoku, H.M J. "Uma tragédia sem heróis: The Nigerian Biafra War". Enugu, Nigéria; Fourth Dimension Publishers (1987).

Leo Kuper, "Genocide: Its Political Use in Twentieth Century", Yale University Press

USA (1983).

Phillip Gourevitch; "We would like to inform you that tomorrow we will be killed together with our families", Stories from Rwanda, Farar Straus and Giroux, Nova Iorque (1998).

Plischk, Elmer "U.S. Department of State: A Refrence History" Westport, Conn, Green Wood Press (1999).

Harris, D.J. "Cases and Materials on International Law" (Londres) Sweet and Maxwell (1998).

Hack, R. Fische "The Holocaust", Greenwood Publishing Group, West Port.com (1998)

Ladan, M.T. "Introduction to International Human Rights and Humanitarian Laws", Ahmadu Bello University Press, Zaria (1999)

Luckham "The Nigerian Military" Schabowska e Himmelstrand (1974)

Osear, S. "An Introduction to the Law of Nations", McGraw Hill Book Company, Nova Iorque (1955).

Schabas, W. Introduction to the International Criminal Court, Cambridge, Press, Londres, 2ª edição (2004)

Smith "Stopping Wars", Série de Livros do Projeto de História Intelectual das Nações Unidas de Schabowska e Himmelstrand. Imprensa da Universidade de Indiana (1987)

Willis J.F., "Prologue to Nuremberg: The Politics and Diplomacy of Punishing War Criminals of the First World War" Westport, Press (1982)

B. JORNAL

Abbas, A. O novo mecanismo de segurança colectiva da CEDEAO, inovações e problemas, Journal of Conflict and Security Laws, Vol. 5 No.2 (2000)

Ajetunmobi R.O, "The Ethnic Foundation of the Nigerian Civil War 19671970" in Journal of Arts and Social Science, Vol.,2001.

Casese, A. O Estatuto do Tribunal Penal Internacional. Some Preliminary Reflections, publicado em European Journals of International Law, Vol. 10

Caron, D.D. A legitimidade da autoridade colectiva das leis internacionais. Vol. 10 (1999).

Ejibunu, Hassan Tai "Nigeria's Delta Crisis: Root Causes and Peaceless" - EPU Research Papers (2007)

Erugo, S. The Pinochet case towards International Law of Accountability for Crimes against Humanity publicado em Modern Practice Journals of Financial and Investment Laws vol. 4. No.3

Gaeta, P. "The Defence of Superior Order, the Statute of International Criminals Court verses Customary International Law", European Journal International Law, vol. 10 1999

Hans-Henrich, J. "Nürnberger Prozess, in Rudolf Bemhadt (ed) Encyclopedia of Public International Law, Vol. 4 North Holland Publishing Company Amsterdam/New York/Oxford. (1982)

Schazenberger, G. "International Law as applied by International Courts and Tribunals", Vol. II The Law of Armed Conflict (1995).

Sullivan, "Humanitarian Encounters" Journal of Arts and Social Science, Vol., 2001

C. ARTIGOS NA INTERNET

- Tribunal Penal Internacional para a ex-Jugoslávia. Recuperado de http://en.wikipedia.com em 30 de novembro de 2014. http://www.un.org

recuperado em 26.5.2015

- Levey Israel "Nigerian and the Biafra civil war" (2014) Journal of Genocide Research, Vol. 16No   .2-3publicado em http://www.dx.doi.org/10.1080

- Osim Ndifon "Amnistia e a Obrigação Erga Omnes de Reprimir as Violações do Direito Humanitário: Lições do Conflito na Serra Leoa" "European Journal of Scientific Research ISSN 1450-216X Vol.76 No.4 (2012), pp.692-721 © EuroJournals   Publishing   Inc.   2012   in http://www.europeanjournalofscientificresearch.com acedido em 18 de maio de 2015

- Aldricah, G.H. (1977) Commentary on the Geneva Protocols International Review of the Red Cross. http://www.icrc.org acedido em 26 de maio de 2015

- Microsoft Encarta (2009). © 1993-2008 Microsoft Corporation. Todos os direitos reservados. http://www.hrw.org/background/Africa/retrieved em 25-3-2015

- Horvah Robert (2004) Sovereignty cannot protect mass murderers in http://www.theage.com.au article (acedido em 28 de março de 2015)

- Henckaerts, "A Contribution to Understanding and Respecting the Rule of Law in Armed Conflict" (2005), International Review of the Red Cross http://www.hrw.org/background/Africa/retrieved on the 25-3 2015

- Nowa Omoigiu "Guerra Civil Nigeriana Dawodu" (2007) Recuperado em 9 de março de 2015 http://www.hrw.org/background/Africa/retrieved em 25-3-2015

- http://www.un.org/law/icc/general/overview.htm 16 de novembro de 2010, acedido em 20 de maio de 2015

Índice

I want morebooks!

Buy your books fast and straightforward online - at one of world's fastest growing online book stores! Environmentally sound due to Print-on-Demand technologies.

Buy your books online at
www.morebooks.shop

Compre os seus livros mais rápido e diretamente na internet, em uma das livrarias on-line com o maior crescimento no mundo! Produção que protege o meio ambiente através das tecnologias de impressão sob demanda.

Compre os seus livros on-line em
www.morebooks.shop